WILLIAMS-SONOMA

PESCADOS

RECETAS Y TEXTO

SHIRELY KING

EDITOR GENERAL

CHUCK WILLIAMS

FOTOGRAFÍA

NOEL BARNHURST

TRADUCCIÓN

CONCEPCIÓN O. DE JOURDAIN
LAURA CORDERA L.

MÉXICO

CONTENIDO

AL ASADOR

PLATILLOS SUSTANCIOSOS

MARISCOS

INTRODUCCIÓN

Hoy en día, todos buscamos la manera de comer más sanamente. Una de las maneras más fáciles y apetecibles de hacerlo es comiendo pescado. No solamente existen muchos pescados de carne magra, sino que la investigación médica constantemente está descubriendo beneficios nutritivos en los pescados y mariscos. Además, el pescado aparece prácticamente en todas las cocinas del mundo, lo cual significa que hay un sinnúmero de maneras interesantes de preparar los distintos tipos de pescado disponibles.

En este libro de cocina, nosotros le ofrecemos recetas para una amplia variedad de pescados. Incluso presentamos una sección para mariscos, incluyendo cangrejo, camarones, mejillones y langosta. A un lado de cada receta encontrará una nota informativa que explica algún ingrediente o técnica usada en la receta. Tenga presente que el resultado final de lo que cocine será tan bueno como los ingredientes que se usen. Usted puede ver el capítulo de temas básicos al final del libro para aprender más acerca de cómo seleccionar los mejores y más frescos pescados y mariscos. Escoja cualquier receta de este libro y disfrútela.

Chuck Williams

LAS CLÁSICAS

Las recetas de este capítulo varían según las diferentes tradiciones culturales de todo el mundo pero se han convertido en las favoritas por su gran aceptación en todos lados. Algunas son rápidas y sencillas, otras son resultado de una gran dedicación, pero todas ellas son deliciosas adiciones para el repertorio de recetas de un cocinero.

FILETES DE LENGUADO MEUNIERE

Para evitar que los filetes se enchinen mientras los cocina, marque el lado de la piel con 2 cortes poco profundos en forma de cruz (vea Nota).

Coloque la harina en un tazón poco profundo e integre 1 cucharada de sal y ½ cucharadita de pimienta blanca. Espolvoree ambos lados de cada filete ligeramente con sal y pimienta blanca. Reboce en la harina sazonada

Caliente una sartén grande para freír sobre calor medio-alto, agregue 2 cucharadas de la mantequilla y 2 cucharaditas del aceite. Cuando la espuma de la mantequilla empiece a bajar, sacuda el exceso de harina de 2 filetes y colóquelos en la sartén, con la piel hacia arriba. Reduzca el calor a medio y cocine aproximadamente 1 minuto, hasta dorar la superficie. Con la ayuda de una espátula ancha, voltee los filetes con cuidado y cocine hasta dorar por el segundo lado hasta que estén totalmente opacos, aproximadamente 2 minutos más dependiendo de su grosor.

Coloque los filetes sobre platos individuales precalentados o un platón y cubra holgadamente con papel aluminio para mantenerlos calientes. Limpie la sartén con toallas de papel y repita la operación con los filetes restantes para cocerlos, en dos tandas.

Cuando todos los filetes estén cocidos, limpie la sartén una vez más. Para hacer la salsa, derrita las 4 cucharadas (60 ml/2 fl oz) de mantequilla restantes sobre calor medio, agregue el jugo de limón y gire la mezcla en la sartén. Vierta sobre los filetes calientes. Espolvoree con el perejil; adorne con las rebanadas de limón y ramas de perejil y sirva de inmediato.

Nota: Para identificar cuál es el lado de la piel, busque trozos restantes de piel delgada de color blanco plateado en uno de los lados de cada filete

Variación: En esta receta también puede usar filetes de rodaballo, limanda o mendo en lugar del lenguado.

RINDE DE 4 A 6 PORCIONES

---

6 filetes de lenguado, de 185 a 250 g (6–8 oz) cada uno, sin piel

1 taza (155 g/5 oz) de harina de trigo (simple)

Sal de grano grueso y pimienta blanca recién molida

6 cucharadas (90 g/3 oz) de mantequilla sin sal

6 cucharaditas de aceite de oliva o aceite de canola

¼ taza (60 ml/2 fl oz) de jugo de limón fresco, más 1 limón cortado en rebanadas

1 cucharada de perejil liso (italiano), finamente picado

4 ramas de perejil liso (italiano) o pastinaca fresca

TRUCHA AMANDINE

¾ taza (90 g/3 oz) de almendras rebanadas (hojuelas)

4 filetes de trucha, de 155 a 220 g (5–7 oz) cada uno, con la piel intacta

1 taza (155 g/5 oz) de harina de trigo (simple)

2 cucharadas de paprika dulce

Sal de grano grueso y pimienta recién molida

4 cucharadas (60 ml/2 fl oz) de mantequilla sin sal

4 cucharadas (60 ml/2 fl oz) de aceite de oliva

2 cucharadas de jugo de limón fresco

2 cucharaditas de salsa inglesa

Perejil liso (italiano) fresco, picado, para adornar

Precaliente el horno a 200ºC (40ºF). Extienda las almendras sobre una charola para hornear y tuéstelas aproximadamente durante 5 minutos, hasta que estén doradas. Retire del horno y páselas a un plato. Reserve.

Para evitar que los filetes se enchinen mientras se cocinan, haga 2 cortes poco profundos en forma de cruz del lado de la piel.

En un tazón poco profundo, combine la harina, paprika, 1 cucharada de sal y 1 cucharadita de pimienta. Mezcle con un tenedor para integrar. Reboce los filetes en la harina sazonada.

Caliente una sartén grande sobre fuego medio-alto, agregue 1 cucharada de la mantequilla con 1 cucharada del aceite. Cuando la espuma de la mantequilla empiece a bajar, sacuda el exceso de harina de 2 de los filetes y colóquelos en la sartén, colocando la piel hacia arriba. Saltee aproximadamente 1 minuto, hasta que se dore su superficie. Con la ayuda de una espátula gruesa, voltee los filetes cuidadosamente y cocine cerca de 2 minutos hasta que estén totalmente opacos y dorados por el otro lado Coloque el pescado sobre un platón precalentado y cubra holgadamente con papel aluminio para mantenerlo caliente. Limpie la sartén con toallas de papel y repita la operación con los filetes restantes.

Cuando todos los filetes estén cocidos, limpie la sartén una vez más. Derrita las 2 cucharadas de mantequilla restantes con las 2 cucharadas de aceite restantes sobre calor medio. Cuando la espuma de la mantequilla baje, agregue las almendras y saltee 30 segundos; agregue el jugo de limón, la salsa inglesa y una pizca de sal. Gire la salsa alrededor de la sartén y vierta sobre los filetes de trucha. Adorne con el perejil y sirva de inmediato.

RINDE 4 PORCIONES

REBOZANDO

Rebozar los filetes en harina hace que la humedad escape más lentamente durante el cocimiento y facilita obtener un buen color y una consistencia crujiente. Para rebozar, pase cada lado de un filete sobre la harina, cubriéndolo completamente y sacuda el exceso. Reboce unos cuantos minutos antes de saltear para que la harina que cubra el pescado no se humedezca y se haga chiclosa.

CHOWDER DE PESCADO ESTILO NUEVA INGLATERRA

TIPOS DE PAPAS

Las papas doradas Yukon son una excelente selección para esta receta debido a su sabor a mantequilla y su firme textura. Se clasifican como papas para todo uso, son más bajas en almidones que las papas russet y mantienen su forma durante el cocimiento. Otras papas bajas en almidón o cerosas que pueden usarse en esta receta son las papas rojas o las papas blancas. Las papas russet, que son altas en almidones, son mejores para hornear, hacer puré de papa o para preparar papas a la francesa (página 21).

En una olla para sopa, caliente el aceite sobre calor medio. Agregue el tocino y fría aproximadamente 5 minutos, hasta que esté crujiente. Con ayuda de una cuchara ranurada, pase a toallas de papel para escurrir. Reserve 2 cucharadas de la grasa de la olla y deseche el resto. Agregue la cebolla y el ajo, si lo usa, y saltee cerca de 5 minutos, hasta suavizar.

Integre la harina y cocine 30 segundos. Integre la media crema, leche y caldo de pescado; hierva lentamente. Reduzca el calor a bajo e integre la mezcla de fécula de maíz, revolviendo hasta integrar por completo. Hierva a fuego lento durante 1 minuto. Sazone al gusto con sal y pimienta.

Agregue las papas y hierva a fuego lento, sin tapar, moviendo de vez en cuando, aproximadamente durante 10 minutos, hasta que estén casi suaves. Agregue el bacalao y el tocino y cocine 4 minutos más, hasta que el pescado esté totalmente opaco.

Con ayuda de un cucharón, sirva el chowder en tazones precalentados y adorne con el perejil. Sirva de inmediato.

Variación: En esta receta se pueden usar también otros pescados y mariscos, como el abadejo, huachinango, mahimahi, rabe, almejas littleneck, mejillones u ostiones sin concha para sustituir el bacalao o además de él.

RINDE 4 PORCIONES

1 cucharada de aceite de canola o ajonjolí

6 rebanadas de tocino, finamente picado

1 cebolla amarilla o blanca, finamente picada

4 dientes de ajo, finamente picados (opcional)

3 cucharadas de harina de trigo (simple)

1 taza (250 ml/8 fl oz) de media crema

1½ taza (375 ml/12 fl oz) de leche

2 tazas (500 ml/16 fl oz) de caldo de pescado (página 110) o jugo de almeja embotellado

1 cucharada de fécula de maíz, disuelta en ½ taza (125 ml/4 fl oz) de agua fría

Sal de grano grueso y pimienta recién molida

4 papas doradas Yukon o 375 g (3/4 lb) en total, sin piel y cortadas en dados de 12 mm (½ in)

1 filete de bacalao de 500 g (1 lb) sin espinas, cortado en cubos de 2.5 cm (1 in)

1 cucharada de perejil liso (italiano) fresco, finamente picado

BOUILLABAISSE

375 g (¾ lb) de mezcla de filetes firmes como robalo rayado, halibut, rape o mahimahi

375 g (¾ lb) de mezcla de lonjas como huachinango, rascacio, bacalao o merluza de Alaska

¼ taza (60 ml/2 fl oz) de aceite de oliva

3 cebollas picadas

1 zanahoria, rallada

8 dientes de ajo, picados

2 poros, incluyendo sus partes suaves de color verde, picados

1 bulbo de hinojo, limpio y cortado en dados pequeños

4 jitomates, sin piel ni semillas, picados (página 86)

Cáscara de 1 naranja y 1 limón, retirada en listones anchos con un pelador

1 cucharadita de hilos de azafrán

1 bouquet garni (vea explicación a la derecha)

8 tazas (2 l/64 fl oz) de caldo de pescado (página 110)

375 g (¾ lb) de camarones

500 g (1 lb) de mejillones

Sal y pimienta molida

1 pan baguette, cortado en rebanadas delgadas y tostado

Rouille, para acompañar (página 90)

En una olla de sopa, caliente 2 cucharadas de aceite de oliva sobre calor medio-alto. Agregue las cebollas y las zanahorias, reduzca el calor a medio, cocine moviendo frecuentemente cerca de 6 minutos, hasta que las cebollas estén suaves y empiecen a dorarse. Agregue el ajo, poro e hinojo y cocine aproximadamente 5 minutos, hasta que el hinojo esté suave. Agregue los jitomates y las cáscaras de naranja y limón y cocine 10 minutos más. Agregue el azafrán, el bouquet garni y el caldo de pescado. Eleve la temperatura a alta y hierva. Agregue las 2 cucharadas restantes de aceite de oliva y hierva vigorosamente durante 15 minutos para mezclar los sabores.

Reduzca la temperatura a media y agregue los filetes de pescado, camarones y mejillones, desechando aquellos que no se cierren al tocarlos. Cocine cerca de 3 minutos, hasta que los mejillones empiecen a abrirse. Añada los filetes de pescado y cocine aproximadamente 3 minutos más, hasta que el pescado esté totalmente opaco. Deseche los mejillones que no se hayan abierto. Sazone al gusto con sal y pimienta.

Sirva la sopa, con ayuda de un cucharón, en tazones precalentados. Unte las rebanadas de pan baguette tostado con rouille y use para adornar y acompañar la sopa.

Nota: Esta famosa sopa de pescado es un platillo con la firma de Marsella, al sur de Francia, y los pescados que se sugieren en esta receta son los adecuados para sustituir a los que se usan tradicionalmente en Francia. En Marsella, el consomé de bouillabaisse por lo general se cuela y sirve primero con croutones y rouille (una salsa espesa de ajo y pimienta roja). Posteriormente, se sirven los camarones, pescado y mejillones como segundo plato.

RINDE DE 6 A 8 PORCIONES

BOUQUET GARNI

Un bouquet garni, usado para sazonar sopas, cocidos o asados, consta clásicamente de unas ramas de perejil con tallo, ramas de tomillo y hojas de laurel. Algunas veces se agregan granos de pimienta y dientes de ajo enteros para darle más sabor. Para esta receta, amarre 3 ramas de perejil liso (italiano) fresco, 2 ramas de tomillo fresco y 3 hojas de laurel y forre con un cuadro pequeño de manta de cielo (muselina). Las hierbas se forran de tela para retirarlas fácilmente antes de servir la sopa.

SALMÓN ENTERO AL HORNO

COCIENDO AL HORNO

Un pescado entero cocido es una comida clásica para ocasiones especiales. Sin embargo, encontrar un recipiente lo suficientemente grande para cocer un pescado entero en la estufa puede ser difícil. No obstante, también se puede "cocer al horno". Envuelva cuidadosamente el pescado en papel de aluminio y meta al horno donde se va a cocer en su propio jugo en lugar de que pierda el líquido en que se cuece. Ya que el pescado queda escondido en el papel de aluminio, es difícil saber visualmente cuándo está listo; lo mejor es usar un termómetro de lectura instantánea para asegurar el cocimiento adecuado.

Precaliente el horno a 220ºC (425ºF). Enjuague el pescado. Extienda una capa doble de papel aluminio grueso lo suficientemente grande para cubrir el pescado y con algún sobrante. Coloque el pescado sobre el papel y vierta aceite de oliva sobre el exterior del pescado. Espolvoree con sal por dentro y por fuera del pescado. Parta un limón a la mitad y exprima el jugo sobre el pescado. Rebane el limón restante y coloque las rebanadas y el eneldo dentro de la cavidad del pescado.

Doble el papel aluminio a lo largo alrededor del pescado y doble las puntas del papel. Use otra hoja de papel aluminio para envolver el pescado herméticamente. Coloque diagonalmente el pescado envuelto sobre una charola para hornear con borde. Vierta agua en la charola de hornear hasta una profundidad de 3 mm (⅛ in). Meta el pescado al horno, colocando su cabeza hacia una de las orillas posteriores.

Cocine hasta que un termómetro de lectura instantánea insertado en la parte más gruesa del pescado, detrás de la cabeza, registre los 60ºC (140ºF), cerca de 40 minutos para un pescado de 3 kg (6 lb) ó 1 hora para un pescado de 4.5 kg (9 lb).

Mientras tanto, prepare la salsa: En una licuadora o procesador de alimentos, mezcle la mayonesa, jugo de limón, ajo y espinacas hasta que estén suaves. Agregue el perejil, albahaca, menta y cebollín; mezcle hasta que esté más o menos suave. Sazone al gusto con sal y pimienta.

Retire el pescado del horno. Desenvuelva el papel aluminio de la cabeza y vierta los jugos acumulados en un tazón. Deje que el pescado se enfríe, desenvuelva cuidadosamente. Con un cuchillo, suelte la piel por detrás de la cabeza y dorso del pescado, enrolle la piel para retirarla. Con la ayuda de 2 espátulas grandes, pase el pescado a un platón.

Remoje las rebanadas de pepino en los jugos de pescado reservados y póngalos sobre el pescado imitando escamas. Remoje hojas de estragón y acomódelas para que parezcan espinas del pescado. Alterne las rebanadas de limón y las ramas de perejil alrededor de los lados del pescado. Sirva acompañando con la salsa.

RINDE DE 8 A 12 PORCIONES

1 salmón entero de 3 a 4 kg (6–9 lb), bien limpio

2 cucharadas de aceite de oliva

Sal de grano grueso

2 limones

1 manojo de eneldo fresco

PARA LA SALSA:

1 taza (250 ml/8 fl oz) de mayonesa

2 cucharadas de jugo de limón

1 diente de ajo

500 g (1 lb) de espinaca

1 manojo de perejil liso (italiano) fresco, y la misma cantidad de albahaca fresca y menta fresca, sin tallos

1 manojo de cebollín fresco

Sal de grano grueso y pimienta

PARA EL ADORNO:

1 pepino inglés (hothouse) cortado en rebanadas de 2 mm (¹/₁₆ in) de grueso (página 78)

1 manojo de estragón fresco

1 limón, finamente rebanado

1 manojo de perejil chino o perejil liso (italiano) fresco, (Todo sin tallo)

PESCADO Y PAPAS FRITAS

PARA LA PASTA PARA REBOZAR:

1 taza (155 g/5 oz) de harina de trigo

½ cucharadita de polvo para hornear

Sal de grano grueso y pimienta recién molida

1 taza (250 ml/8 fl/oz) de cerveza

1 huevo, separado

PARA LAS PAPAS FRITAS:

4 papas rojas (russet) grandes, de 250 g (½ lb)

Aceite de canola o de maíz para fritura profunda

4 piezas de filete de bacalao, de 2 cm (¾ in) de grueso, aproximadamente de 750 g (1 ½ lb) de peso total

Sal de grano y pimienta

1 taza (250 ml/8 fl oz) de mayonesa

1 cucharadita de ajo picado o cebollín fresco, picado

1 cucharada de mostaza Dijon

1 limón, en rebanadas

4 ramitas de perejil liso (italiano) fresco, para adornar

Salsa catsup, para acompañar

Vinagre de malta, para acompañar (opcional)

Para hacer la pasta para rebozar, mezcle en un tazón, la harina, polvo de hornear, ½ cucharadita de sal y ¼ cucharadita de pimienta. Vierta la cerveza en otro tazón e integre la yema de huevo. Haga una fuente en el centro de la mezcla de la harina. Integre gradualmente la mezcla de la cerveza con la harina hasta que se forme una pasta suave. Reserve.

Para hacer las papas, pele y corte en rebanadas de 9 mm (⅓ in) de grueso y posteriormente en tiras de 9 mm (⅓ in) de ancho. Extienda sobre una toalla de papel. No enjuague.

Coloque una parrilla en el tercio superior del horno y otra parrilla en el tercio inferior. Precaliente el horno a 230°C (450°F). Vierta el aceite hasta una profundidad de 7.5 cm (3 in) en una olla grande, horno holandés o en una freidora y caliente sobre fuego alto a 185°C (365°F). Añada las papas por tandas y fría aproximadamente durante 5 minutos, hasta que empiecen a dorarse. Usando una cuchara ranurada, coloque las papas sobre toallas de papel a escurrir. Apague el fuego del aceite. En un refractario, extienda las papas en una sola capa. Hornee en la parrilla superior del horno aproximadamente 5 minutos, hasta que estén crujientes. Reduzca la temperatura del horno a 95°C (200°F).

Mientras tanto, seque cuidadosamente los filetes con toallas de papel y sazone con sal y pimienta. En un tazón pequeño, bata la clara de huevo hasta que se formen picos; mezcle con movimiento envolvente con la pasta para rebozar. Caliente el aceite sobre fuego alto a 185°C (365°F). Sumerja 2 filetes en la pasta para rebozar, dejando que escurra el exceso. Meta en el aceite. Fría aproximadamente durante 5 minutos, hasta que estén dorados, volteando ocasionalmente. Pase el pescado a un recipiente para hornear y coloque en la parrilla inferior del horno. Repita la operación para freír el pescado restante.

En un tazón pequeño, mezcle la mayonesa, ajo y mostaza. Retire las papas y el pescado del horno. Espolvoree las papas con sal y colóquelas en el platón con el pescado. Adorne con las rebanadas del limón y las ramas de perejil. Sirva con mayonesa y salsa catsup y/o vinagre de malta, si lo desea.

RINDE 4 PORCIONES

FRITURA PROFUNDA
Para una comida frita perfectamente crujiente y dorada, es esencial mantener el aceite a la temperatura correcta. Use un termómetro para fritura profunda y ajuste el fuego para evitar que la temperatura baje a menos de 180°C (350°F), lo cual causaría que la comida absorbiera el aceite y quedara grasosa, o que la temperatura se eleve a más de 190°C (375°F), y entonces la comida se sobre cocinará en la parte exterior sin que lo de adentro se terminara de cocinar. Precaución: No deje que el aceite llegue a 200°C (400°F) o más, ya que puede estallar en flamas. Use un desnatador o unas pinzas para meter la comida en el aceite caliente sin salpicar.

GRAVLAX

En un tazón, mezcle el azúcar, sal kosher y 1½ cucharadita de pimienta negra. Cubra un pedazo de papel de aluminio de 50 cm (20 in) de largo con plástico adherente. Coloque los filetes de salmón juntos sobre el papel aluminio colocando el lado de la piel hacia abajo y tocándose en sus dorsos (la parte de atrás de cada filete tendrá la carne más gruesa que la panza). Espolvoree la mezcla de sal y azúcar sobre los filetes. Cubra con las cáscaras de naranja y limón, el eneldo picado toscamente y el enebro, si lo usa. Doble el papel a la mitad, cerrándolo como un libro y presionando para juntar el lado de la carne de los filetes. Envuelva el salmón herméticamente con el papel de aluminio y coloque el paquete en un refractario. Cubra el salmón con un objeto pesado como una lata grande de jitomates o un ladrillo envuelto en aluminio. Refrigere 3 días, volteando el paquete cada día. En caso de humedad, escurra.

Para hacer la salsa, mezcle la mostaza y el vinagre balsámico en un tazón. Integre gradualmente el aceite en hilo continuo para hacer una emulsión (página 37). Usando una cuchara, integre el agua, pimienta blanca al gusto y el eneldo picado.

Para servir, desenvuelva el gravlax, raspe la mayor parte de las cáscaras y del eneldo. Use un cuchillo muy afilado, corte rebanadas delgadas en diagonal a través del pescado. Sirva con la salsa.

Para Preparar: El salmón debe curarse durante 3 días antes de servirse. Desenvuelva el salmón y envuelva en plástico adherente limpio. Coloque en una bolsa de plástico con cierre hermético. Sirva en ese momento, refrigere hasta por 5 días o congele hasta por 6 semanas.

Para Servir: Es más fácil partir el gravlax en rebanadas delgadas cuando está parcialmente congelado. Para acompañarlo de la manera tradicional, use rebanadas delgadas cortadas en cuadritos de pan de centeno o de pan negro pumpernickel.

RINDE DE 10 A 12 BOCADILLOS

CURANDO EL SALMÓN

Se le da el nombre de Gravlax al salmón curado por un método escandinavo que requiere utilizar cantidades iguales de azúcar y sal. Una manera de preservar la comida es curándola; en este caso, la sal saca toda la humedad deteniendo así el deterioro de los alimentos. Debido a que la sal tiende a endurecer la carne, se añade azúcar para suavizarla. El Gravlax es tan delicioso como el salmón ahumado, que es otro pescado curado. Generalmente se sirve como un aperitivo.

¾ taza (185 g/6 oz) de azúcar

¾ taza (185 g/6 oz) de sal kosher

Pimienta negra recién molida

2 filetes de salmón de 750 g (1½ lb) cada uno, cortados en el centro, con la piel intacta y sin espinas

Cáscara de ½ naranja y ½ limón, desprendida en tiras gruesas con un pelador y cortada en juliana.

½ manojo de eneldo fresco, sin tallo y picado toscamente

2 cucharadas de enebro, machacado (opcional)

PARA LA SALSA:

1 taza (250 g/8 oz) de mostaza de miel

2 cucharadas de vinagre balsámico

¾ taza (180 ml/6fl oz) de aceite de oliva

1 cucharada de agua

Pimienta blanca molida

2 cucharadas de eneldo fresco, finamente picado

COMIDAS SENCILLAS

El pescado tarda muy poco tiempo en cocinarse y, después de un día largo, estas recetas pueden prepararse en solamente unos pocos minutos sin requerir demasiado trabajo. Ya que el pescado puede prepararse de muchas maneras distintas y acompañarse con muchos ingredientes diferentes, estas recetas rápidas y fáciles proporcionan también la posibilidad de hacer deliciosas variaciones.

FILETES DE SALMÓN AL HORNO EN SALSA DE MANGO

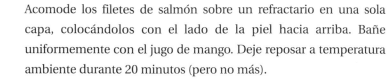

Acomode los filetes de salmón sobre un refractario en una sola capa, colocándolos con el lado de la piel hacia arriba. Bañe uniformemente con el jugo de mango. Deje reposar a temperatura ambiente durante 20 minutos (pero no más).

Precaliente el horno a 230°C (450°F). Escurra los filetes, reservando el jugo de mango, y seque con una toalla de papel.

En una sartén grande que se pueda meter al horno, caliente el aceite de oliva sobre fuego alto. Añada los filetes, colocándolos con la piel hacia abajo. Reduzca a fuego medio y cocine aproximadamente 5 minutos, hasta que la piel esté muy crujiente.

Pase la sartén al horno y hornee los filetes de 2 a 3 minutos, hasta que estén opacos por afuera pero ligeramente translúcidos en el centro. Retire del horno y pase a un platón precalentado. Cubra holgadamente con papel de aluminio para mantenerlos calientes.

Vierta el jugo de mango reservado en una olla pequeña y deje hervir a fuego lento aproximadamente 5 minutos, hasta espesar. Bata y vierta la salsa sobre los filetes de salmón. Adorne con el cebollín y sirva de inmediato.

Nota: Es importante usar una sartén de teflón para saltear al cocinar el salmón, para evitar que la piel se pegue.

Sugerencia: Otros filetes de pescado de carne firme como el robalo, el bacalao, huachinango, rascacio, cabrilla común, o salmonete pueden usarse en lugar del salmón.

RINDE 4 PORCIONES

HACIENDO JUGO DE MANGO

Si no puede encontrar el jugo de mango embotellado para esta receta rápida, sustituya con un mango fresco sin piel y licue con ¾ taza de agua (180 ml/6 fl oz) hasta hacer un puré. Para cortar el mango en cubos para hacer el puré, corte el mango a lo largo a un lado del hueso; posteriormente separe la otra mitad del hueso. Haga cortes diagonales entrecruzados en la carne de cada mitad de mango a una distancia de aproximadamente 2 cm (¾ in). Usando sus dedos pulgares, voltee la mitad del mango hacia afuera y rebane para separar la carne de la piel.

4 filetes de salmón de 185 a 250 g (6-8 oz) cada uno, con la piel intacta, sin espinas

1¼ taza (310 ml/10 fl oz) de jugo de mango

2 cucharadas de aceite de oliva

2 cucharadas de cebollín fresco, picado o 1 cebollita de cambray, incluyendo sus partes suaves de color verde, finamente picada.

HUACHINANGO HERVIDO AL ROMERO

4 filetes de huachinango de 185 a 250 g (6-8 oz) cada uno, sin piel y sin espinas

20 ramas pequeñas de romero fresco, más 6 ramas largas de romero, remojadas en agua durante 10 minutos

Vino blanco seco o agua, al gusto

1 cucharada de aceite de oliva

Sal de grano grueso y pimienta recién molida

¼ taza (60 ml/2 fl oz) de Pernod o Cognac

Precaliente el asador del horno. Para evitar que se doblen las orillas del filete cuando se estén cocinando, haga dos cortes entrecruzadas poco profundas en el lado de la piel (vea Nota, página 10). Clave 5 ramas pequeñas de romero en el lado de la carne de cada filete.

Vierta vino en un recipiente poco profundo para hornear hasta 3 mm (⅛ in) de profundidad. Agregue las ramas pequeñas de romero restantes al recipiente y coloque los filetes sobre ellas, poniendo el lado de la carne hacia arriba. Barnice los filetes ligeramente con el aceite de oliva y espolvoree al gusto con sal y pimienta.

Ase el pescado lo más cerca posible del asador de 4 a 7 minutos, hasta que esté ligeramente dorado y completamente opaco por afuera. Usando una espátula grande, pase el pescado a una sartén para gratinar a prueba de fuego y colóquela a fuego medio sobre la estufa.

Para flamear el pescado (vea explicación a la derecha), caliente el Pernod en una olla pequeña, sobre fuego medio, hasta que esté caliente pero no hierva. Retire del fuego la olla y la sartén con el pescado. Vierta el licor caliente sobre el pescado y prenda los vapores usando un cerillo largo. Cuando las flamas se apaguen, sirva el pescado de inmediato bañando los filetes con el jugo de la sartén. Si el licor no se prende, continúe cocinando hasta que el aroma del alcohol se disipe.

Nota: El Pernod flameado añade un sabor especialmente agradable al pescado. Pernod y Ricard son las marcas del pastis, el licor con sabor a anís más popular en el sur de Francia.

Variación: Puede sustituir el huachinango por sábalo, halibut, salmón o salmonete

RINDE 4 PORCIONES

FLAMEANDO

Para flamear, tanto la comida como el licor deben estar calientes. Cuando ambos estén calientes, retire de la estufa la olla con el licor y la sartén con la comida. Vierta el licor caliente sobre el pescado y cuidadosamente prenda fuego a los vapores sujetando un cerillo largo justamente encima del pescado. Mantenga el pelo y la ropa suelta lejos del fuego y tenga una tapa a la mano por si acaso las llamas se hacen demasiado grandes.

FILETE DE HALIBUT EN PAPILLOTE

Precaliente el horno a 220°C (425°F). Corte un trozo de papel encerado (para hornear) de 40 por 50 cm (16 x 20 in) y doble a la mitad a lo largo. Dibuje la mitad de un corazón tan grande como el papel, empezando en el doblez, y recórtelo con unas tijeras. Repita la operación para hacer 3 corazones más.

En un tazón pequeño, mezcle el jugo de limón con la cebolla de cambray, ajo, jalapeño y sal y pimienta al gusto. Rocíe el pescado con la mezcla del jugo de limón. En un tazón mediano, combine la zanahoria con el poro, apio y perejil.

Abra un corazón de papel. Rocíe unas gotas de la mantequilla derretida en el centro del lado derecho del corazón. Coloque 1 filete de pescado sobre la mantequilla y cubra con una cuarta parte de las verduras. Espolvoree con sal y pimienta al gusto, rocíe con más mantequilla derretida y 1 cucharada de vino. Barnice la orilla interior del corazón de papel con la clara de huevo. Doble el papel y presione para unir las orillas. Empezando por la parte superior del corazón, doble las orillas dos veces, y continúe a lo largo de la orilla del papel hasta terminar con una torcedura en la parte inferior del corazón (meta la parte torcida de papel debajo del paquete). Repita la operación hasta hacer 3 paquetes más. Coloque los paquetes sobre una charola de hornear.

Hornee aproximadamente 20 minutos, hasta que el papel se infle y empiece a dorarse. Retire del horno y pase a platos precalentados. Abra los paquetes cuidadosamente con unas tijeras y sirva de inmediato.

Variación: Puede sustituir el halibut por filetes de trucha, salmón, o huachinango.

RINDE 4 PORCIONES.

HORNEANDO EN PAPEL ENCERADO

El papel encerado (para hornear) es muy útil para forrar las charolas o moldes para cocinar y hornear evitando así que se peguen los alimentos. Viene en rollo y se encuentra en la mayoría de los supermercados. Cocinar en un paquete de papel encerado—*en papillote*—es la mejor manera de hacer el pescado y las verduras al vapor para una comida completa. El papel guarda la humedad y cuando se abre el paquete, sale el aroma. Lo único que se necesita es una charola para hornear, por lo que no hay mucho que lavar después.

2 cucharadas de jugo de limón natural

1 cebollita de cambray incluyendo sus partes suaves de color verde, finamente rebanadas

2 dientes de ajo, finamente picados

1 chile jalapeño pequeño, desvenado y finamente picado

Sal de grano grueso y pimienta recién molida

4 filetes de halibut de 185 a 250 g (6-8 oz) cada uno y de 2.5 cm (1 in) de grueso, sin espinas

1 zanahoria grande, sin piel y rallada toscamente

2 poros, las partes blancas y las suaves de color verde, cortados en juliana de 7.5 cm (3 in) de largo

2 tallos de apio, cortados en juliana delgada de 7.5 cm (3 in) de largo

2 cucharadas de perejil liso (italiano) fresco, picado

4 cucharadas (60 g/2 oz) de mantequilla sin sal, derretida o aceite de oliva

4 cucharadas (60 ml/2 fl oz) de vino blanco seco

1 clara de huevo, ligeramente batida

BACALAO HORNEADO CON CALABAZA Y JITOMATE

4 papas Yukon, 500 g
(1 lb) en total

2 cucharadas de aceite de
oliva o aceite de canola

2 filetes de bacalao de 500
g (1 lb) cada uno, con la
piel intacta, sin espinas

Sal de grano grueso y
pimienta recién molida

1 jitomate en rebanadas
de 6 mm (¼ in) de grueso
hasta el extremo del tallo

1 calabaza amarilla de
verano o calabacita
(courgette) en rebanadas
diagonales de 6 mm (¼ in)
de grueso

1 cebolla amarilla o blanca
pequeña, rebanada

2 cucharadas de albahaca
fresca picada, cilantro
fresco o perejil liso
(italiano), picado

Hierva las papas enteras con piel, aproximadamente 20 minutos, en una olla con agua hirviendo, hasta que estén suaves. Escurra y deje enfriar. Quite la piel y corte en rebanadas de 6 mm (¼ in) de grueso.

Precaliente el horno a 200°C (400°F). Barnice un refractario de servicio en el que pueda acomodar los filetes en una sola capa con ½ cucharada del aceite. Coloque los filetes en el recipiente preparado poniendo la piel hacia abajo. Espolvoree con sal y pimienta. Ponga las rebanadas de papas en 2 filas solapadas sobre el bacalao. Acomode las rebanadas de jitomate en el centro, alternándolas con las rebanadas de calabacita. Cubra con l cebolla y rocíe con 1½ cucharada de aceite restante. Espolvoree con sal y pimienta al gusto.

Hornee aproximadamente 35 minutos, hasta que el pescado esté completamente opaco. Retire del horno, espolvoree con las hierbas picadas y sirva de inmediato directamente del recipiente.

Preparación por adelantado: El bacalao horneado se puede preparar, cubrir y refrigerar con 1 día de anticipación. Deje reposar a temperatura ambiente antes de hornearlo.

Variación: El bacalao de esta receta se puede sustituir por salmón, mahimahi, huachinango o filete de mero.

RINDE 6 PORCIONES

CALABAZAS AMARILLAS DE VERANO

Las calabazas de verano de piel delgada, están en temporada en los meses templados. Las variedades más comunes son la calabacita verde (courgette) y la calabaza amarilla brillante, de la misma forma de la calabacita o de una pera alargada. Lo único que debe hacer a estas calabazas de verano es recortar las puntas antes de cortarlas y cocinarlas, ya que toda la calabaza, tanto su carne, como semillas y piel, se puede comer. También se les puede rellenar y hornear. Elija calabazas pequeñas o medianas, ya que las grandes pueden retener mucha agua y ser amargas.

ROBALO RAYADO EN CURRY VERDE

En una sartén grande, caliente el aceite vegetal sobre fuego medio. Agregue la cebolla morada y saltee aproximadamente 3 minutos, hasta suavizar. Integre la pasta de curry verde; agregue la leche de coco. Reduzca el calor y deje hervir a fuego lento durante 5 minutos para mezclar los sabores.

Agregue los ejotes y cocine durante 2 minutos. Añada el robalo rayado y deje hervir lentamente, aproximadamente 5 minutos, hasta que esté completamente opaco. Integre el cilantro picado.

Pase a un platón de servir o a platos individuales precalentados, adorne con las ramas de cilantro y sirva de inmediato, acompañando con arroz caliente.

Nota: El robalo rayado, algunas veces conocido como rascacio en el área de la Bahía de Chesapeake en Estados Unidos, es del Atlántico. Es un pescado de carne magra y suave, que queda muy bien para esta salsa de curry inspirada en el estilo Tai, que le da un sabor dulce y picante.

Variación: Puede sustituir el robalo rayado por filetes de bacalao, halibut, bacalao malvo, salmón o bacalao de profundidad o por trozos de tiburón o pez espada.

RINDE 4 PORCIONES

PASTA DE CURRY
Para hacer en casa el unto de curry, mezcle en una licuadora 4 chiles jalapeños, desvenados y picados; 3 dientes de ajo, 5 cm (2 in) de raíz de jengibre, sin piel y rallada; 1 cucharada de semillas de comino, molidas toscamente; 5 cm (2 in) de tallo de lemongrass (solamente la parte blanca) sin piel y finamente picado o la ralladura de 1 limón grande; 2 cucharadas de jugo de limón natural; ½ cucharadita de unto de camarón seco o 1 cucharadita de salsa asiática de pescado; sal de grano grueso y pimienta negra finamente molida, al gusto; y ½ taza (125 ml/4 fl oz) de agua. Pulse hasta hacer puré y cocine en una sartén a fuego bajo durante 5 minutos.

1 cucharada de aceite de canola o vegetal

1 cebolla morada, picada toscamente

1 cucharada de pasta de curry verde, preparado o hecho en casa (vea explicación a la izquierda)

1 lata (430ml/14 fl oz) de leche de coco normal o sin grasa

250 g (½ lb) de ejotes, limpios y cortados en trozos de 4 cm (1½ in)

750 g (1½ lb) de filetes de robalo rayado, sin piel y sin espinas, cortados en cubos de 5 cm (2 in)

3 cucharadas de cilantro fresco picado, más algunas ramas pequeñas para adornar

1½ taza (330 g/10½ oz) de arroz jazmín, cocinado de acuerdo a las instrucciones del paquete

ENSALADA DE HUACHINANGO CON AIOLI

Sal de grano grueso

1 cucharada de vinagre de vino blanco

4 filetes de huachinango de 185 a 250 g (6-8 oz) cada uno, sin piel y sin espinas

PARA EL AIOLI:

4 dientes de ajo, picados

Sal de grano grueso

2 yemas de huevo

¼ taza (60 ml/2fl oz) de aceite de oliva

1 taza (250 ml/8 fl oz) de aceite de canola o aceite vegetal

1 cucharada de jugo de limón natural

½ cucharadita de hilos de azafrán remojados en 2 cucharadas de vino blanco seco o agua caliente durante 15 minutos

Hojas de 1 lechuga tipo Boston o Bibb

2 betabeles crudos, 375 g (12 oz), sin piel y rallados toscamente

1 cucharada de alcaparras

Pimienta recién molida

Vierta 6 tazas (1.5 l/48 fl oz) de agua en una sartén y añada 2 cucharadas de sal y vinagre. Agregue los filetes de huachinango y hierva a fuego medio. Reduzca el calor y hierva a fuego lento aproximadamente 5 minutos, para cocer el pescado, sin tapar, hasta que esté completamente opaco. Saque el pescado con una cuchara y deje enfriar.

Mientras tanto, haga el aioli. En un mortero o tazón, mezcle el ajo con 1 cucharadita de sal y forme una pasta gruesa, usando la mano del mortero o el revés de una cuchara. Integre las yemas de huevo y bata hasta incorporar por completo. Combine el aceite de oliva con el aceite vegetal en una jarra e integre con la mezcla de las yemas poco a poco, hasta que se empiece a emulsificar o a unirse. Continúe integrando el aceite, rociándolo. (Si la mezcla se separa, ponga otra yema de huevo en un tazón limpio. Integre muy gradualmente al aioli separado para emulsificarlo). Integre el jugo de limón y el azafrán con el líquido de remojo. Pruebe y rectifique la sazón.

Acomode las hojas de lechuga en platos individuales o en un platón. Coloque los filetes sobre la lechuga y ponga una cucharada del aioli sobre cada filete. Adorne con el betabel y las alcaparras y espolvoree con pimienta. Sirva de inmediato.

Nota: Esta receta usa huevo crudo; para más información, vea la página 113.

Para preparar: Usted también puede hacer el aioli con una batidora eléctrica o en una licuadora. Para hacerla en licuadora, ponga el ajo, sal, 1 huevo entero grande y 1 yema de huevo y pulse. Con la licuadora prendida, agregue despacio los aceites en un chorro delgado y continuo. Continúe la receta como se indica arriba.

Variación: También puede usar filetes de rascacio, raya, filete de reloj anaranjado (orange roughy), pámpano, lenguado o bacalao.

RINDE 4 PORCIONES

HACIENDO UNA EMULSION

Aioli es una mayonesa con ajo que se usa popularmente en el sur de Francia. El truco para hacer aioli, o cualquier otra mayonesa, es hacer una emulsión estable, una mezcla de dos ingredientes que normalmente no se mezclan como el aceite y el jugo de limón de esta receta. La yema de huevo es un emulsificador, un agente que ayuda a integrar estos elementos opuestos. El aceite se integra gradualmente a la yema de huevo, poco a poco, hasta que la mezcla empieza a espesar *(fotografía superior)*. Puede verter el aceite restante rociándolo y siga batiendo enérgicamente. Una vez que el aceite esté completa-mente batido y separado en pequeñas gotitas, se le puede incorporar el jugo de limón.

ROBALO ASADO CON HONGOS SHIITAKE Y ELOTITOS

Precaliente el horno a 200°C (400°F). Espolvoree los filetes de robalo con la paprika y sal y pimienta al gusto. Vierta el aceite de oliva y el vino en un platón refractario de servicio, lo suficientemente grande para acomodar los filetes en una sola capa. Disperse el ajo en el fondo del refractario y acomode los filetes. Cubra con los hongos.

Ase en el horno durante 15 minutos. Bañe los hongos y el pescado con el jugo del refractario. Disperse los elotitos sobre el pescado y continúe cocinando, bañando con el jugo una o dos veces, aproximadamente 5 minutos más, hasta que los elotitos estén calientes y el robalo esté completamente opaco. Retire del horno y adorne con las cebollitas de cambray. Sirva de inmediato en el mismo recipiente.

Variación: Puede sustituir el robalo por filetes de rape o de salmón, o medallones de pez espada o de tiburón.

RINDE 4 PORCIONES

HONGOS SHIITAKE
Los hongos shiitake, originarios del Japón, ya se cultivan en varias partes del mundo y se encuentran fácilmente. Son de color café claro y miden de 5 a 7.5 cm (2-3 in) de diámetro y tienen la parte interior pálida y de color crema. Elija hongos que se vean húmedos. En lugar de enjuagarlos, limpie cuidadosamente con un cepillo suave o un trapo húmedo. Retire y deseche los tallos. Para esta receta, puede sustituir los hongos shiitake frescos, por 30 g (1 oz) de shiitake secos. Remoje en agua tibia durante 20 minutos hasta que se suavicen, escurra y seque cuidadosamente con toallas de papel.

875 g (1¾ lb) de filetes de robalo, sin piel

2 cucharaditas de paprika picante o polvo de chile

Sal de grano grueso y pimienta recién molida

2 cucharadas de aceite de oliva

2 cucharadas de vino blanco seco o agua

3 dientes de ajo, finamente picados

375 g (¾ lb) de hongos shiitake, cepillados, limpios, sin tallo y rebanados

1 lata (220 g/7 oz) de elotitos, escurridos y partidos diagonalmente a la mitad

4 cebollitas de cambray, incluyendo las partes suaves de color verde y blanco, finamente rebanadas en diagonal

OCASIONES ESPECIALES

Los platillos festivos de este capítulo son perfectos para servir cuando tenga invitados a comer. No son difíciles, pero están llenos de maravillosos sabores que sorprenderán y agradarán a sus invitados. Vale la pena buscar los pescados y los ingredientes poco comunes para lograr una comida inolvidable.

TÁRTARA DE ATÚN CON ANCHOAS Y CROSTINI DE ACEITUNA

ESCOGIENDO EL ATÚN

Cuando se sirve el atún crudo, es importante comprar la mejor calidad de atún disponible. Vaya a una pescadería de buena calidad, si es posible a una japonesa que surta el pescado a los restaurantes de sushi.

Pida el atún de la calidad sashimi, explicando que lo va a servir crudo. Lo más probable es que sea atún aleta amarilla, pero si tiene suerte podrá encontrar el atún aleta azul. Pida que le den una rebanadita muy delgada para asegurarse de que no tiene un color, olor o sabor extraño y prepárelo el mismo día que lo compre.

En un tazón mediano, mezcle el atún, ¼ de taza de aceite de oliva, y las pimientas molidas al gusto, hasta integrar. Si desea, cubra y refrigere aproximadamente 30 minutos o hasta por 3 horas para que se enfríe.

Para hacer el unto de aceituna, primero tueste los piñones en una pequeña sartén sobre fuego medio, durante 4 minutos, moviendo constantemente hasta dorar. Vierta en un plato a enfriar. En una licuadora o procesador de alimentos, mezcle los piñones tostados, las aceitunas, cebolla morada, ajo y aceite y muela hasta que la mezcla se integre. Reserve.

Precaliente el asador del horno. Acomode las rebanadas de pan en una charola para hornear y tueste durante 5 minutos en total, volteando una sola vez, hasta que estén crujientes. Retire del horno, deje enfriar y córtelas en 16 tiras de 2.5 cm (1 in) de ancho.

Corte los filetes de anchoa a la mitad a lo largo. Barnice un lado de las 8 tiras de pan con el aceite reservado de las anchoas y cubra con 2 rebanadas de anchoas, colocándolas cruzadas en forma de X. Barnice las tiras de pan restantes con 2 cucharadas de aceite de oliva extra virgen y cúbralas con el unto de aceituna.

En un tazón pequeño, mezcle el hinojo picado con el jugo de limón y 1 cucharadita de sal.

Justo antes de servir, agregue la mezcla de hinojo al atún ya frío y sazonado e integre. Pruebe y rectifique la sazón. Adorne con las frondas de hinojo. Sirva con las rebanadas de pan tostado.

Para Preparar: Mezcle el jugo de limón y el atún en el último momento, ya que el jugo del limón hará que el atún tome un color gris rosado después de aproximadamente 30 minutos

RINDE 4 PORCIONES

625 g (1¼ lb) de filetes de atún, tipo sushi, finamente picados

¼ taza (60 ml/2 fl oz) más 2 cucharadas de aceite de oliva extra virgen

Mezcla de pimienta verde, blanca, rosa y negra, molida

PARA EL UNTO DE ACEITUNA:

1 cucharada de piñones

¾ taza (125 g/4 oz) de aceitunas verdes en salmuera, deshuesadas

2 cucharadas de cebolla morada, picada

2 dientes de ajo, picados

1 cucharada de aceite de oliva

4 rebanadas de pan rústico cuadrado, de 10 cm (4 in) por lado y de 9 mm (⅓ in) de grueso, sin corteza

8 filetes de anchoa enlatados en aceite de oliva, escurridos

½ taza (75 g/2½ oz) de bulbo de hinojo finamente picado (página 82), más unas frondas de hinojo para adornar

¼ taza (60 ml/2 fl oz) de jugo de limón natural

Sal de grano grueso

ROLLOS DE LENGUADO CON ESPINACA Y CALLO DE HACHA

2 jitomates, sin piel ni semillas (página 86), picados

2 cucharadas de estragón fresco o perejil liso (italiano) finamente picado

1 cucharada de chalote finamente picado

6 cucharadas (80 ml/3 fl oz) de aceite de oliva o canola

2 cucharadas de vinagre de manzana o de jugo de limón natural

Sal de grano grueso y pimienta recién molida

4 filetes de lenguado de 185 g (6 oz) cada uno, sin piel

Sal de grano grueso y pimienta recién molida

20 hojas de espinacas jóvenes, sin tallo y partidas a la mitad a lo largo

12 callos de hacha medianos o grandes, sin los músculos pequeños

2 tazas (500 ml/16 fl oz) de caldo de pescado (página 110) o jugo de almeja embotellado

Estragón fresco o ramitas de perejil liso (italiano), para adornar

Para hacer la vinagreta, mezcle en la licuadora o en el procesador de alimentos, los jitomates, estragón, chalote, aceite, vinagre y sal y pimienta al gusto. Pulse hasta hacer una salsa homogénea.

Precaliente el horno a 200°C (400°F). Corte cada filete a lo largo en tres partes. Coloque las tiras sobre una superficie de trabajo, poniendo el lado de la piel hacia arriba y sale. Cubra las tiras con las hojas de espinacas. Ponga un callo de hacha cerca de la parte más delgada de cada tira y, comenzando por ese lado, enrolle cada filete envolviendo las hojas de las espinacas y el callo de hacha. Asegure con un palillo de madera. Ponga los rollos en un recipiente para hornear. Vierta el caldo encima del pescado.

Hornee, aproximadamente 20 minutos, bañando ocasionalmente con el jugo, hasta que los callos de hacha estén firmes y completamente opacos.

Justo antes de servir, vierta la vinagreta en una olla y caliente sobre fuego bajo. Vacíe la vinagreta en un platón precalentado. Coloque cuidadosamente los rollos de filete en un platón, desechando los palillos. Espolvoree con pimienta, adorne con el estragón y sirva de inmediato.

Variación: Puede sustituir el lenguado de esta receta por filetes de rodaballo, platija o lenguadina.

RINDE 4 PORCIONES

PREPARACIÓN DE LAS ESPINACAS

Independientemente de que compre espinacas jóvenes tiernas o espinacas grandes maduras, es importante que retire los tallos, ya que pueden ser duros y ser fibrosos. Para quitarles el tallo a las hojas grandes de espinaca, doble cada hoja a lo largo con el lado de las venas hacia arriba. Quite el tallo empezando por el lado grueso. Para las hojas más pequeñas, simplemente desprenda los tallos. Lave cuidadosamente las espinacas. Sumérjalas en agua fría en un tazón o en el fregadero, para que la tierra se quede en el fondo. Levante las espinacas, enjuague la tierra del fondo del tazón o fregadero, y repita hasta que no quede nada de tierra.

PESCADO DE AGUA DULCE EN VINO TINTO

En un tazón pequeño, mezcle con un tenedor 1 cucharada de mantequilla y harina hasta formar una pasta, o roux. Reserve. En una olla sobre fuego medio, derrita la mantequilla restante. Añada la cebolla, zanahoria, apio y jamón y saltee, aproximadamente 10 minutos, hasta que las verduras empiecen a suavizar y a dorarse.

Amarre las ramitas de perejil, de tomillo y la hoja de laurel. Forre con un cuadrado de manta de cielo (muselina) para hacer un bouquet garni. Agregue a la olla. Vierta el vino, deje hervir lentamente de 20 a 25 minutos y cocine, sin tapar, hasta que se haya reducido a una cuarta parte.

Mientras tanto, en una sartén grande sobre fuego medio, fría los trozos de tocino, moviendo según sea necesario, aproximadamente durante 5 minutos, hasta que estén crujientes. Usando una cuchara ranurada, ponga el tocino a escurrir sobre toallas de papel. Reserve 2 cucharadas de la grasa de la sartén y deseche el resto.

Eleve la temperatura a media-alta, añada las cebollas a la olla y cocine durante 5 minutos, volteando hasta dorar. Usando una cuchara ranurada, pase a un tazón y reserve. Añada los champiñones a la sartén y saltee cerca de 5 minutos, hasta que hayan soltado la mayoría de su jugo. Pase al tazón de las cebollas.

Añada el ajo a la sartén y saltee sobre fuego medio-alto cerca de 30 segundos, hasta suavizar. Coloque un colador de malla fina sobre la sartén y vierta la mezcla del vino, presionando los trocitos sólidos con el revés de una cuchara. Hierva a fuego lento e integre el roux necesario para espesar la mezcla del vino y lograr una consistencia cremosa. Cocine 2 minutos, moviendo frecuentemente. Sazone con sal y pimienta.

Reduzca el fuego a medio y añada el tocino, cebollas, hongos y pescado. Cocine 7 minutos, hasta que el pescado esté completamente opaco.

Usando un cucharón, sirva en platos soperos, teniendo cuidado de no romper el pescado. Espolvoree con el tomillo y sirva.

RINDE DE 4 A 6 PORCIONES

CEBOLLAS APERLADAS

Las cebollas aperladas pequ0eñitas, de cerca de 2.5 cm (1 in) de diámetro, son blancas con la piel plateada. Cuando se cocinan, su dulce sabor enaltece a muchos platillos. Para quitarles la piel, corte la punta de la raíz. Ponga a hervir a fuego lento en una olla con agua durante 4 minutos. Escurra, sumerja en agua fría para frenar el cocimiento y escurra una vez más. Retire la piel.

3 cucharadas de mantequilla, a temperatura ambiente

2 cucharadas de harina

½ taza (75 g/2½ oz) de cebolla amarilla o blanca y la misma cantidad de zanahoria y apio

½ taza (90 g/3 oz) de jamón picado

6 ramitas de perejil fresco

4 ramitas de tomillo fresco

1 hoja de laurel

3½ tazas (875 ml/28 fl oz) de vino tinto seco

90 g (3 oz) de rebanadas gruesas de tocino, picadas

12 cebollas aperladas, sin piel *(vea explicación a la izquierda)*

185 g (6 oz) de champiñones blancos, cepillados para limpiar

3 dientes de ajo, finamente picados

Sal de grano grueso y pimienta

500 g (1 lb) de pescado de agua dulce variado como filetes de bagre y carpa sin piel, cortado en piezas de 4 cm (1½ in)

1 trucha, sin cabeza y sin cola, cortada transversalmente en rebanadas gruesas

1 cucharada de hojas de tomillo fresco

RAYA CON SALSA DE MANTEQUILLA OSCURA

1 kg (2 lb) de raya sin piel *(vea explicación a la derecha)*, cortada en 4 piezas

Sal de grano grueso y pimienta recién molida

½ taza (125 g/4 oz) de mantequilla sin sal

¼ taza (60 ml/2 fl oz) de jugo de limón natural

¼ taza (60 g/2 oz) de alcaparras

1 limón, rebanado

Asegúrese de que la raya no tenga piel. Si no es así, siga las instrucciones que están a la derecha. Espolvoree la raya con sal y pimienta al gusto.

Caliente una sartén grande sobre fuego medio-alto, añada la mitad de la mantequilla. Cuando la espuma de la mantequilla se baje, agregue la raya, reduzca el fuego a medio y cocine cerca de 4 minutos, hasta que esté medianamente opaca. Voltee las piezas con una espátula ancha de metal y cocine cerca de 3 minutos por el segundo lado, hasta que la carne empiece a desprenderse del cartílago. Pase la raya a un platón precalentado.

Limpie la sartén con toallas de papel. Derrita la mantequilla restante sobre fuego medio hasta que se dore. Añada el jugo del limón y las alcaparras, mezcle la salsa y vierta sobre la raya. Sirva de inmediato con las rebanadas de limón.

RINDE 4 PORCIONES

RAYA

Las "alas" de la raya, que es un miembro de la familia de las mantarayas, son la parte que se come. Las filas delgadas de carne blanca dulce reposan en ambos lados de un cartílago delgado. Es mejor preparar la raya un día o dos *después* después de haberla pescado, ya que su olor desagradable se disipa después de que ha "reposado". Busque las alas ya sin piel *(fotografía superior);* si no las hay, cocínelas en una sartén grande con agua hirviendo y 3 cucharadas de vinagre blanco cerca de 2 minutos, hasta que la piel se separe de la carne. Retire del agua, quite la piel y deseche.

PÁMPANO HORNEADO A LA SAL

HORNEANDO CON SAL

El pescado horneado con sal es un método de cocinar muy popular en Portugal y España. Al cocinar el pescado entero en una corteza de sal se asegura que se retendrá el sabor y el jugo logrando una presentación espectacular. El pámpano de esta receta se puede sustituir con un huachinango entero, un rascacio, una platija, un rodaballo o un lenguado.

Precaliente el horno a 200°C (400°F). En un tazón grande, bata las claras de huevo hasta que estén espumosas. Agregue gradualmente las sales fina y gruesa y la harina y revuelva hasta incorporar.

Ponga las ramas de perejil dentro del pescado. Barnice ligeramente la parte de afuera del pescado con 1 cucharada del aceite. Corte una pieza de manta de cielo (muselina) de 50 cm (20 in) de largo y de 38 cm (15 in) de ancho. Envuelva el pescado en la tela y reserve.

Extienda una tercera parte de la mezcla de la sal en un refractario lo suficientemente grande para que quepa el pescado. Extienda el pescado encima y cubra con la mezcla restante de sal. Hornee cerca de 40 minutos, hasta que la sal se ponga de un color café claro y que un termómetro instantáneo insertado en la parte más gruesa del pescado, detrás de la cabeza, registre 60°C (140°F).

Mientras tanto, caliente en una olla las 2 cucharadas restantes de aceite de oliva sobre fuego medio-alto. Añada los pimientos, cebolla, ajo y zanahoria e integre. Reduzca el fuego a bajo, cubra y cocine, cerca de 25 minutos, moviendo ocasionalmente hasta que las verduras estén suaves. Retire del fuego y pase a una licuadora o a un procesador de alimentos. Añada el jugo de limón y el vinagre y pulse hasta formar una salsa homogénea. Añada un poco de agua tibia si la mezcla estuviera demasiado espesa. Sazone con sal y pimienta blanca al gusto. Reserve y mantenga caliente.

El siguiente paso puede hacerse en la mesa para lograr una presentación espectacular. Usando una cuchara grande o un martillo, rompa la corteza de sal, luego pase la sal a un tazón grande. Teniendo cuidado de no romper el pescado. Cuando el pescado quede completamente descubierto, retire la manta de cielo, barnizándola con un poco de agua tibia si fuera necesario. Quite la piel al pescado y ponga el pescado entero en un platón precalentado. Bañe el pescado con la salsa y espolvoree con los cubos pequeños de pimiento. Sirva de inmediato.

RINDE 4 PORCIONES

4 claras de huevo

4 tazas (1 kg/2 lb) de sal fina

4 tazas (1 kg/2 lb) de sal kosher

1 taza (155 g/5 oz) de harina de trigo

6 ramas pequeñas de perejil liso (italiano) fresco

1 pámpano entero, cerca de 1 kg (2 lb), con la piel intacta, limpio

3 cucharadas de aceite de oliva

2 pimientos amarillos (capsicums), desvenados y picados

1 cebolla amarilla o blanca, picada

2 dientes de ajo, finamente picados

¾ taza (105 g/3½ oz) de zanahoria rallada toscamente

1 cucharada de jugo de limón natural

1 cucharada de vinagre de manzana

Sal de grano grueso y pimienta blanca recién molida

Pimiento verde (capsicum), finamente cortado en dados o ajonjolí negro para decorar

RAPE EN JENGIBRE CON
TALLARINES CRUJIENTES

½ taza (45 g/1½ oz) de ajonjolí

½ taza (75 g/2½ oz) de jengibre fresco, sin piel y rallado

1 taza (250 g/8 oz) de azúcar granulada

Sal de grano grueso

½ cucharada de pimienta de cayena

1 kg (2 lb) de filete de rape, sin piel y sin la membrana oscura, previamente limpio, cortado diagonalmente en 4 piezas

1 taza (250 ml/8 fl oz) de vinagre de arroz

½ taza (125 ml/4 fl oz) de jugo de limón natural

¼ taza (60 ml/2 fl oz) de salsa de pescado

¼ taza (60 g/ 2 fl oz) de puré de jitomate

½ taza (105 g/3½ oz) compacta de azúcar morena oscura

3 cucharadas de ralladura de limón

Aceite de canola o aceite vegetal

60 g (2 oz) de tallarines de harina de arroz seco (vermicelli de arroz)

Cilantro fresco en ramas pequeñas, para adornar

Extienda el ajonjolí en un plato. En un tazón pequeño, mezcle el jengibre con la mitad del azúcar granulada, 4 cucharaditas de sal y la pimienta de cayena. Cubra uniformemente las piezas de pescado con la mezcla del jengibre, envuelva con el ajonjolí, presionando ligeramente para que las semillas se adhieran bien. Reserve. En una olla pequeña, mezcle el vinagre, jugo de limón, salsa de pescado, puré de tomate, el azúcar granulada restante, azúcar morena, ralladura de limón y ½ cucharadita de sal. Reserve.

Vierta aceite hasta una profundidad de 10 cm (4 in) en una olla u horno holandés o en una freidora y caliente hasta que registre una temperatura de 180°C (350°F) en un termómetro para fritura profunda. Coloque los tallarines en una bolsa de papel o de plástico y sepárelos un poco. Ponga los tallarines en el aceite caliente en 4 tandas, usando un colador de malla de alambre y fría durante cerca de 30 segundos, hasta que se esponjen y se vuelvan opacos, volteándolos según sea necesario. Saque los tallarines y deje escurrir sobre toallas de papel. Cubra holgadamente con papel aluminio para mantener calientes.

En una sartén grande, caliente 2 cucharadas de aceite, sobre fuego medio. Añada el pescado y saltee, aproximadamente 3 minutos en total, volteándolo una sola vez, hasta que se dore por ambos lados. Vigile cuidadosamente ya que el azúcar en el unto puede dorar demasiado el pescado rápidamente. Reduzca el fuego y cocine el pescado cerca de 4 minutos, hasta que esté completamente opaco. Mientras tanto, coloque la olla que contiene la mezcla del vinagre sobre fuego bajo y caliente para servirla, moviendo ocasionalmente.

Pase el rape a platos individuales precalentados y acomode los tallarines alrededor de él. Rocíe la salsa tibia sobre el pescado y los tallarines. Adorne con las ramas de cilantro. Sirva de inmediato.

Nota: Tenga cuidado con la fritura profunda. Para sugerencias, vea la página 21.

RINDE 4 PORCIONES

TALLARINES DE HARINA DE ARROZ SECO

Se pueden encontrar en las tiendas de abarrotes asiáticas o en los supermercados bien surtidos. Estos tallarines largos y delgados, que también se conocen como palitos de arroz o vermicelli de arroz, se pueden poner a remojar para suavizarlos, o se pueden freír en profundidad como en esta receta, para que queden crujientes. Antes de cocinarlos, trocéelos adentro de una bolsa para freírlos en fritura profunda, en tandas, para que los tallarines ya cocinados sean más fáciles de comer.

ESCABECHE DE TRUCHA

ESCABECHE

El escabeche lleva vinagre y vino para darle a la comida un maravilloso sabor y para conservarla. Este método para preparar pescado, verduras o pollo se ha usado en el sur de Europa y el Norte de África desde los tiempos medievales. Fue introducido por los españoles a Centroamérica, Sudamérica, el Caribe e incluso a las Filipinas, y es comúnmente empleado. Es una buena manera de preparar los sobrantes de pescado. El pescado en escabeche se mantendrá fresco en el refrigerador durante 4 días.

En una olla mezcle el vinagre, vino, azafrán, zanahoria, hojas de laurel y el chile seco. Ponga a hervir sobre fuego medio-alto, reduzca el fuego a medio-bajo, y deje hervir a fuego lento durante 30 minutos para que se mezclen los sabores.

Mientras tanto, en una sartén, caliente 2 cucharadas del aceite sobre fuego medio-alto. Añada la cebolla y el ajo y saltee cerca de 5 minutos, hasta que empiecen a tomar color. Reduzca el fuego a medio-bajo e integre el azúcar. Cocine, cerca de 15 minutos más, moviendo ocasionalmente hasta dorar.

Añada la mezcla de la cebolla a la mezcla del vinagre y hierva a fuego lento durante 10 minutos. Retire del fuego, sazone al gusto con sal y pimienta y reserve.

En un tazón poco profundo, mezcle la harina y la paprika y sazone con sal y pimienta. Rectifique la sazón. Bañe el pescado con la harina sazonada, cubriendo uniformemente y sacudiendo el exceso.

En una sartén grande, caliente sobre fuego medio-alto las 3 cucharadas restantes del aceite. Añada el pescado, en tandas si fuera necesario, y cocine aproximadamente 6 minutos en total, volteando una sola vez, hasta que se dore por ambos lados pero todavía esté translúcido en el centro. Pase el pescado a un platón profundo para servir. Ponga una rebanada de limón sobre cada trucha.

Vuelva a hervir la mezcla del vinagre, añada las cebollitas de cambray y cocine aproximadamente 1 minuto, hasta que se marchiten. Vierta sobre el pescado y deje reposar cerca de 10 minutos, hasta que el pescado esté totalmente cocido. Sirva caliente o a temperatura ambiente.

Variación: Puede usar otros pescados enteros más pequeños como las sardinas, pescado azul, rascacio o huachinango, medallones o filetes de bacalao, mahimahi, corvina, o filetes sin piel orange roughy.

RINDE 6 PORCIONES

2½ tazas (625 ml/20 fl oz) de vinagre blanco destilado de manzana

2 tazas (500 ml/16 fl oz) de vino tinto seco

1 cucharadita de hilos de azafrán

1 zanahoria, sin piel y rallada toscamente

4 hojas de laurel

1 chile rojo seco pequeño, desvenado

5 cucharadas (80 ml/3 fl oz) de aceite de canola o de oliva

1 cebolla amarilla o blanca, rebanada

4 dientes de ajo, rebanados a lo largo

1 cucharada de azúcar

Sal de grano grueso y pimienta recién molida

1 taza (155 g/5 oz) de harina de trigo (simple)

1 cucharada de paprika picante

6 truchas enteras, limpias y sin espinas, de 250 g (8 oz) cada una

6 rebanadas de limón

4 cebollitas de cambray incluyendo la parte suave de color verde, partidas a la mitad a lo largo y cortadas en trozos de 5 cm (2 in)

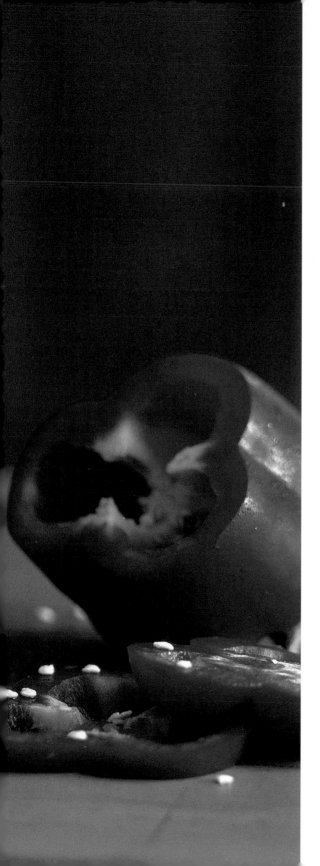

AL ASADOR

Asar al horno puede ser una de las maneras más fáciles y deliciosas para cocinar prácticamente cualquier tipo de pescado. Cocinar sobre un fuego abierto agrega un maravilloso sabor y no existe mejor forma de gozar del clima cálido que el comer al aire libre. Pero cuando el clima se torna frío y húmedo, una sartén para asar sobre la estufa es una buena forma de sustituir el asador real. Si desea consejos útiles para asar, vaya a la página 109.

FILETES DE HALIBUT CON CÍTRICOS, BERROS Y ACEITUNAS NEGRAS

CONSEJOS PARA MARINAR

Marinar es una forma de agregar sabor a los alimentos o en algunos casos también los suaviza. Una marinada por lo general incluye sazonadores, como jengibre, ajo y hierbas o especias. Así mismo, siempre contiene algún ácido, como jugo de limón, vino (como el que se usa en esta receta) o vinagre. Los cortes gruesos de carne dura algunas veces se remojan en una marinada durante horas para mejorar su textura. Sin embargo, los pescados son suaves por naturaleza y no deben ser marinados por más de 20 minutos en una marinada ácida, ya que se "cocerían" en e ácido.

Prepare el fuego en un asador de carbón o precaliente un asador de gas. Mientras tanto, combine el vino, melaza y jengibre en un tazón y bata para integrar Vierta en una cacerola poco profunda o refractario. Coloque las lonjas de halibut en la marinada, voltee para cubrir y deje reposar a temperatura ambiente durante 20 minutos (pero no más).

Escurra el halibut, dejando caer la marinada sobre el mismo plato; seque con toallas de papel, barnice con el aceite y espolvoree con sal y pimienta al gusto. Reserve la marinada. Ase las lonjas de pescado sobre fuego directo de 3 a 5 minutos, dependiendo del grosor, hasta que se doren sobre un lado. Usando una espátula ancha de metal, voltee el pescado y cocine de 3 a 4 minutos, hasta que se dore por el otro lado y esté totalmente opaco.

Mientras tanto, coloque las rebanadas de naranja y limón directamente sobre el asador y cocine, cerca de 2 minutos en total, volteando una vez, hasta que estén ligeramente doradas de cada lado. Pase el pescado y las rebanadas de naranja y limón a platos individuales o a un platón. En una olla pequeña, hierva la marinada reservada durante 2 minutos. Vierta sobre el halibut y adorne con los berros y aceitunas negras.

Nota: La melaza que se incluye en la marinada ayuda a que el pescado se dore sin sobre cocinarse. No se notará el sabor dulce.

Variación: El halibut de esta receta se puede sustituir con otras lonjas de pescado como el robalo rayado, pez espada, atún, tiburón o mahimahi. Para cocinar sobre la estufa, use una sartén para asar precalentada sobre calor alto.

RINDE 4 PORCIONES

¾ taza (180 ml/6 fl oz) de vino blanco seco

2 cucharadas de melaza clara o miel de maíz

2 cucharadas de jengibre fresco, sin piel, finamente rallado

4 lonjas de halibut, de 185 a 250 g (6-8 oz) cada una

2 cucharadas de aceite de canola o aceite vegetal

Sal de grano grueso y pimienta recién molida

1 naranja, cortada en 8 rebanadas

1 limón, cortado en 4 rebanadas

1 manojo de berros, sin tallo

½ taza (75 g/2½ oz) de aceitunas Kalamata

SALMÓN CON SALSA DE HINOJO Y MANZANA

PARA LA SALSA:

1 bulbo de hinojo, limpio (página 82) y finamente picado, reservando las frondas para adornar

1 manzana Granny Smith, con cáscara, sin corazón y partida en dados

3 cucharadas de jugo de limón fresco

Sal de grano grueso y pimienta recién molida

4 filetes de salmón de 185 a 250 g (6-8 oz) cada uno, o 750 g (1½ lb) de filete de salmón en trozo, sin piel ni espinas

½ taza (125 ml/4 fl oz) de jugo de limón fresco

2 cucharaditas de azúcar

¼ taza (60 g/2 oz) de salsa barbecue (vea explicación a la derecha)

2 cucharadas de semillas de hinojo, más las necesarias para adornar

Para hacer la salsa, combine en un tazón el hinojo, manzana, 3 cucharadas de jugo de limón y sal y pimienta al gusto. Cubra la salsa y reserve.

Prepare el fuego en un asador de carbón o precaliente un asador de gas. Marque el lado de la piel de cada salmón (vea Nota, página 10) con 2 cortes poco profundos en forma de cruz. En un tazón grande, que no sea de aluminio, mezcle la ½ taza de jugo de limón, azúcar y salsa barbecue. Agregue el salmón y voltee para cubrir. Deje reposar 10 minutos (pero no más).

Justo antes de cocinar el salmón, coloque las 2 cucharadas de semillas de hinojo sobre el carbón, o póngalas sobre el asador de gas dentro de una bolsa de papel aluminio perforada (vea Nota). Retire el salmón de la marinada, dejando que ésta escurra sobre el tazón y resérvela. Coloque el salmón sobre el fuego directo del asador y cocine cerca de 5 minutos, hasta dorar por uno de sus lados. Usando una espátula de metal ancha, voltee y cocine por el otro lado aproximadamente 3 minutos más, hasta que esté totalmente opaco.

Con ayuda de una cuchara, sirva la salsa en platos individuales o en un platón. Coloque el pescado sobre la salsa. En una olla pequeña, hierva la marinada reservada durante 2 minutos. Vierta sobre el salmón, adorne con semillas de hinojo y sirva.

Nota: Para hacer la bolsa de papel aluminio perforada para las semillas de hinojo, coloque las semillas sobre una hoja de papel aluminio grueso y doble las orillas para cubrir herméticamente las semillas. Perfore la parte superior de la bolsa con un tenedor o la punta de un cuchillo.

Variación: Las frondas de eneldo o hinojo pueden ponerse sobre el carbón para dar sabor al humo. El salmón de esta receta puede sustituirse por filetes de robalo rayado, pescado azul, sábalo, macarela o salmonete. Para cocinar sobre la estufa, use una sartén para asador precalentada sobre calor alto. Justo antes de agregar el salmón, espolvoree la sartén con 1 cucharadita de semillas de hinojo.

RINDE 4 PORCIONES

SALSA BARBECUE

Para hacer salsa barbecue, combine en una olla pequeña sobre calor medio-alto ½ cebolla amarilla o blanca, finamente picada; 2 dientes de ajo finamente picados; 1 taza (250 g/8 oz) de salsa catsup; ⅓ taza (80 ml/3 fl oz) de vinagre de vino tinto; ¼ taza (60 g/2 oz) compacta de azúcar morena; 1 cucharada de mostaza Dijon; 1 cucharada de salsa inglesa y 1 cucharadita de salsa de chile picante. Hierva, moviendo constantemente. Reduzca el calor a bajo y hierva a fuego lento, sin tapar, cerca de 15 minutos, hasta que la salsa se espese y se mezclen los sabores. Retire del fuego y deje enfriar antes de usarla. Rinde aproximadamente 2 tazas (500 g/16 oz).

ROBALO RAYADO CON PORO Y VINAGRE BALSÁMICO

Para hacer la vinagreta, bata en un tazón pequeño el vinagre con la mostaza. Integre gradualmente el aceite en hilo continuo para hacer una emulsión o salsa integrada. Agregue sal y pimienta al gusto. Reserve.

En un mortero con su mano o con el revés de una cuchara, machaque el ajo y 2 cucharadas de sal. Frote el pescado con el ajo y espolvoree con pimienta al gusto. Reserve.

Prepare el fuego en un asador de carbón o precaliente un asador de gas. En una olla grande con agua salada hirviendo, cocine los poros cerca de 10 minutos, hasta que estén suaves. Escurra y reserve. Barnice el pescado y los poros ligeramente con el aceite de oliva.

Coloque el pescado y los poros sobre el asador (o, si está cocinando filetes delgados, coloque en una canasta para asar) sobre fuego directo y cocine de 2 a 3 minutos, hasta dorar por un lado. Voltee y cocine por el otro lado de 2 a 3 minutos más, hasta que el pescado y los poros se hayan dorado en su exterior y el pescado esté totalmente opaco. Para servir, rocíe la vinagreta sobre platos individuales y coloque el pescado y los poros sobre ella.

Variación: El robalo rayado de esta receta se puede sustituir por huachinango, mero, salmón, rascacio o bacalao. Para cocinar sobre la estufa, use una sartén para asar precalentada sobre calor alto.

RINDE 4 PORCIONES

VINAGRE BALSÁMICO

Un sabor ligeramente dulce y un color caramelo oscuro caracterizan al vinagre balsámico. Es una fermentación hecha de "mosto", o del jugo de uvas de la cepa Trebbiano. El vinagre balsámico *tradizionale* se almacena cuidadosamente en barricas y se deja añejar, algunas veces por varias décadas. Este tipo de vinagre se usa en pequeñas cantidades como un condimento muy preciado. Para esta receta recomendamos vinagre balsámico *tradizionale* o un vinagre balsámico de buena calidad que adquiera en el supermercado.

PARA LA VINAGRETA:

¼ taza (60 ml/2 fl oz) de vinagre balsámico

½ taza (125 g/4 oz) de mostaza Dijon

¾ taza (180 ml/6 fl oz) de aceite de oliva

Sal de grano grueso y pimienta recién molida

8 dientes de ajo, finamente picados

Sal de grano grueso y pimienta recién molida

750 g (1½ lb) de filetes de robalo rayado o 4 lonjas de robalo rayado, cada una de 185 a 250 g (6-8 oz) y 2.5 cm (1 in) de grueso

4 poros, únicamente las partes blancas y las partes suaves de color verde

2 cucharadas de aceite de oliva

BROCHETAS DE RAPE CON VERDURAS MIXTAS

2 cucharadas de melaza clara

1 taza (250 ml/8 fl oz) de vino blanco seco

750 g (1½ lb) de filete de rape, pida al pescadero que retire la piel y la membrana oscura

8 jitomates cereza o jitomates miniatura en forma de pera

1 pimiento rojo (capsicum) sin semillas y cortado en cuadros de 2.5 cm (1 in)

1 cebolla morada, cortada en trozos de 2.5 cm (1 in)

2 hongos portobello grandes, cepillados, sin tallo y en rebanadas de 12 mm (½ in) de grueso

¼ taza (60 ml/2 fl oz) más 2 cucharadas de aceite de oliva extra virgen

Sal de grano grueso y pimienta recién molida

De 4 a 8 rebanadas gruesas de pan campestre

1 diente de ajo, partido a la mitad

1 limón, en cuarterones

4 palitos de madera para brochetas, remojados en agua durante 20 minutos, o pinchos de metal

Prepare el fuego en un asador de carbón o precaliente un asador de gas. En un tazón, mezcle la melaza con el vino. Corte el rape en cubos de 4 cm (1½ in) y coloque en el tazón. Voltee para cubrir el pescado. Deje reposar a temperatura ambiente 20 minutos.

Escurra el rape. Para hacer las brochetas inserte alternando los jitomates cereza, el pimiento, la cebolla y los trozos de hongo con 4 pedazos del pescado en cada palillo. Barnice las brochetas con las 2 cucharadas de aceite de oliva y sazone al gusto con sal y pimienta.

Coloque las brochetas sobre el fuego directo del asador y cocine, aproximadamente durante 5 minutos, volteándolas para dorar por todos lados, hasta que el pescado esté totalmente opaco. Al mismo tiempo, tueste las rebanadas de pan sobre el asador, fróteles con las mitades de ajo y barnice con ¼ taza de aceite de oliva. Sirva, acompañando con los cuarterones de limón.

Nota: La melaza que se incluye en la marinada ayuda a dorar el pescado sin sobre cocerlo. No sabrá dulce.

Variación: Se puede usar otro tipo de pescado de carne firme como el salmón, mahimahi, tiburón, pez espada o halibut para hacer estas brochetas. O, si lo desea, use mariscos como camarones o callo de hacha. Para cocinar sobre la estufa, use una sartén para asar precalentada sobre calor alto.

RINDE 4 PORCIONES

PALITOS DE MADERA PARA BROCHETAS

Si usa palitos de madera para brochetas, remójelas en agua por lo menos 20 minutos para que no se quemen en el asador. Para evitar que se quemen, coloque los alimentos unidos sobre el palillo y envuelva la punta con papel aluminio para hacer un mango. Si asa a menudo y le gusta hacer brochetas, le recomendamos que busque un juego de brochetas de metal.

HAMBURGUESAS DE ATÚN

Prepare el fuego en un asador de carbón o precaliente un asador de gas. Mientras tanto, blanquee las hojas de parra en una olla con agua hirviendo durante 1 minuto. Sáquelas con un desnatador o una cuchara ranurada. Enjuague en agua fría y seque.

Extienda las sardinas abiertas, colocando el lado de la piel hacia abajo, sobre una superficie de trabajo. En un tazón pequeño, combine la menta, ralladura de limón y sal y pimienta al gusto. Mezcle hasta integrar. Divida la mezcla de menta uniformemente sobre las sardinas, extendiéndola sobre la carne. Cierre las sardinas y barnice su exterior con la sala de chile picante. Coloque las hojas de parra, con el lado de las venas hacia arriba, sobre una superficie de trabajo. Coloque una sardina cerca del tallo de una hoja y doble la hoja sobre el pescado. Doble los lados y enrolle la sardina para que quede dentro de la hoja. Repita la operación con las demás hojas y sardinas. Barnice los paquetes de sardina con aceite de oliva.

Coloque los paquetes de sardina sobre el fuego directo del asador y cocine, aproximadamente durante 8 minutos en total, volteando una vez, hasta que las sardinas estén totalmente opacas. No se preocupe si las hojas se queman; esto resaltará su sabor. Cerca del final del cocimiento, coloque los cuarterones de limón directamente sobre el asador y cocine, cerca de 3 minutos en total, volteando una vez, hasta que se doren por ambos lados.

Pase los paquetes de sardinas a platos individuales o a un platón precalentado y acompañe con los cuarterones de limón. Sirva de inmediato.

Nota: Para retirar las espinas de una sardina sin cabeza, desprenda el espinazo cerca de la punta de la cola, con sus dedos, y jale hacia arriba, dirigiéndose hacia la cabeza. Abra la sardina. Verá diminutas espinas del espinazo, que puede dejar, pero las espinas grandes deberá retirarlas.

Variación: También se pueden usar lisa, anchoas, esperlano o merlín sin hueso para preparar esta receta. Las sardinas u otro pescado envuelto en hojas también se pueden cocinar bajo un asador de horno precalentado o sobre una sartén para asar precalentada sobre la estufa a calor alto.

RINDE 4 PORCIONES

MAYONESA FRESCA

La mayonesa hecha en casa sabe mucho mejor que la de frasco. En un tazón combine 1 yema de huevo grande, 1 cucharadita de mostaza Dijon y una pizca de sal de grano grueso. Bata. Integre gradualmente, batiendo, ¾ taza (180 ml/6 fl oz) de aceite de oliva, poco a poco, hasta que la mezcla empiece a espesar. Continúe batiendo e integrando el aceite restante en hilo continuo. Sazone con pimienta blanca recién molida. Agregue 1 cucharadita de jugo de limón o al gusto. Almacene en un frasco tapado dentro del refrigerador hasta por 10 días. Rinde ¾ taza (180 ml/6 fl oz).

750 g (1½ lb) de filete de atún, finamente picado

2 cucharadas de cebolla amarilla o blanca rallada toscamente con su jugo

2 cucharadas de mayonesa

Sal de grano grueso y pimienta recién molida

PARA LA MAYONESA DE LIMÓN Y CEBOLLÍN:

¼ taza (60 ml/2 fl oz) de mayonesa fresca o preparada

Sal de grano grueso y pimienta recién molida

2 cucharadas de jugo de limón fresco

1 cucharada de cebollín fresco, picado con tijeras

1 cucharadita de salsa de soya

½ cucharadita de salsa de chile picante

8 rebanadas de brioche o challah, cada una de 2.5 cm (1 in) de grueso, o 4 bollos kaiser, partidos a la mitad

4 hojas de lechuga crujiente

1 jitomate, rebanado

1 cucharada de cebollín fresco, picado con tijeras

2 pickles de eneldo, cortados en rebanadas a lo largo

FILETES DE SARDINA EN HOJAS DE PARRA

8 hojas de parra frescas o en conserva

8 sardinas, pida a su pescadero que retire la cabeza, espinas, y las limpie (vea Nota)

1 manojo de menta fresca, sin tallo y finamente picada

2 cucharadas de ralladura de limón

Sal de grano grueso y pimienta recién molida

2 cucharadas de salsa de chile picante

3 cucharadas de aceite de oliva

1 limón, en cuarterones

Prepare el fuego en un asador de carbón o precaliente un asador de gas. Mientras tanto, blanquee las hojas de parra en una olla con agua hirviendo durante 1 minuto. Sáquelas con un desnatador o una cuchara ranurada. Enjuague en agua fría y seque.

Extienda las sardinas abiertas, colocando el lado de la piel hacia abajo, sobre una superficie de trabajo. En un tazón pequeño, combine la menta, ralladura de limón y sal y pimienta al gusto. Mezcle hasta integrar. Divida la mezcla de menta uniformemente sobre las sardinas, extendiéndola sobre la carne. Cierre las sardinas y barnice su exterior con la sala de chile picante. Coloque las hojas de parra, con el lado de las venas hacia arriba, sobre una superficie de trabajo. Coloque una sardina cerca del tallo de una hoja y doble la hoja sobre el pescado. Doble los lados y enrolle la sardina para que quede dentro de la hoja. Repita la operación con las demás hojas y sardinas. Barnice los paquetes de sardina con aceite de oliva.

Coloque los paquetes de sardina sobre el fuego directo del asador y cocine, aproximadamente durante 8 minutos en total, volteando una vez, hasta que las sardinas estén totalmente opacas. No se preocupe si las hojas se queman; esto resaltará su sabor. Cerca del final del cocimiento, coloque los cuarterones de limón directamente sobre el asador y cocine, cerca de 3 minutos en total, volteando una vez, hasta que se doren por ambos lados.

Pase los paquetes de sardinas a platos individuales o a un platón precalentado y acompañe con los cuarterones de limón. Sirva de inmediato.

Nota: Para retirar las espinas de una sardina sin cabeza, desprenda el espinazo cerca de la punta de la cola, con sus dedos, y jale hacia arriba, dirigiéndose hacia la cabeza. Abra la sardina. Verá diminutas espinas del espinazo, que puede dejar, pero las espinas grandes deberá retirarlas.

Variación: También se pueden usar lisa, anchoas, esperlano o merlín sin hueso para preparar esta receta. Las sardinas u otro pescado envuelto en hojas también se pueden cocinar bajo un asador de horno precalentado o sobre una sartén para asar precalentada sobre la estufa a calor alto.

RINDE 4 PORCIONES

HOJAS DE PARRA

Las hojas de parra vienen en frascos, preservadas en una mezcla de agua y salmuera de vinagre, o en algunas zonas se pueden encontrar frescas recién cortadas del viñedo. Ambos tipos de hojas, tanto las que vienen en conserva como las frescas, deben blanquearse, o sea hervirse brevemente y enjuagarse con agua fría para detener el cocimiento. En el caso de las hojas en conserva esto le ayudará a retirar un poco el sabor a vinagre. En el caso de las frescas, las suavizará. Cualquier tipo de hoja de uva que utilice, asegúrese de que esté lo suficientemente grande para cubrir las sardinas.

MAHIMAHI CON SALSA DE TOMATILLO

Prepare el fuego en un asador de carbón o precaliente un asador de gas. Mientras tanto, haga la salsa de tomatillo. En una sartén pequeña y seca para freír, tueste las semillas de calabaza sobre calor medio-alto aproximadamente 5 minutos, hasta que se abran y se doren ligeramente. Coloque en un plato y reserve.

En la misma sartén, caliente 2 cucharadas del aceite de canola sobre calor medio. Agregue la cebolla y el ajo y saltee cerca de 5 minutos, hasta suavizar. Reduzca el calor a medio-bajo y agregue los tomatillos, chile y comino. Mezcle hasta integrar, tape y cocine, aproximadamente 5 minutos, moviendo una o dos veces, hasta que los tomatillos estén suaves.

Pase la mezcla de tomatillo a una licuadora o procesador de alimentos y agregue las semillas de calabaza, caldo de pollo, cilantro y perejil. Muela hasta que esté suave. Sazone al gusto con sal y pimienta. Divida entre tazones individuales para salsa.

En un tazón grande, que no sea de aluminio, bata el jugo de limón, salsa de chile picante, melaza y la cucharada restante de aceite. Corte los filetes de pescado en rebanadas horizontales de 2 cm (¾ in) de grueso y posteriormente en trozos de 5 por 10 cm (2 x 4 in). Agregue los trozos de pescado a la marinada, volteando para cubrir, y deje reposar 5 minutos. Ensarte el pescado en los palillos, dividiéndolo uniformemente entre ellos.

Coloque las brochetas sobre el calor directo del asador y cocine, cerca de 5 minutos en total, volteando una vez, hasta que los trozos de pescado estén dorados por el exterior y totalmente opacos.

Pase las brochetas a un platón o a platos individuales precalentados. Sirva acompañando con la salsa de tomatillo.

Variación: el mahimahi de esta receta se puede sustituir por camarones (langostinos), tiburón o pez espada rebanado finamente. Para cocinar sobre la estufa, use una sartén para asar precalentada sobre calor alto.

RINDE 4 PORCIONES

TOMATILLOS

Los tomatillos parecen pequeños tomates verdes y miden entre 2.5 y 5 cm (1-2 in) de diámetro. Están cubiertos con una cáscara tipo papel, que debe retirarse antes de cocinarlos. Los tomatillos se pueden encontrar en los mercados latinos y son más ácidos que dulces. Para prepararlos, retire la cáscara tipo papel con sus dedos bajo el chorro de agua tibia. Los tomatillos quedarán limpios de la sustancia pegajosa de resina que cubre la fruta bajo su cáscara. Los tomatillos por lo general se pican y cocinan antes de hacer una salsa.

PARA LA SALSA DETOMATILLO:

¾ taza (90 g/3 oz) de semillas de calabaza, sin cáscara

3 cucharadas de aceite de canola o aceite vegetal

1 cebolla amarilla o blanca pequeña, picada

3 dientes de ajo, finamente picados

250 g (½ lb) de tomatillos, sin cáscara, (vea explicación a la izquierda) y en cuarterones

1 chile jalapeño, sin semillas y finamente picado

½ cucharadita de comino molido

1 taza (250 ml/8 fl oz) de caldo o consomé de pollo

2 cucharadas de cilantro fresco, picado

2 cucharadas de perejil liso (italiano) fresco, picado

Sal de grano y pimienta

¼ taza (60 ml/2 fl oz) de jugo de limón fresco

2 cucharadas de salsa de chile picante

1 cucharada de melaza

750 g (1½ lb) de filetes de mahimahi

4 palitos de madera para brocheta, remojados en agua durante 20 minutos, o pinchos de metal

PLATILLOS SUSTANCIOSOS

El pescado es una excelente elección para una comida ligera y rápida, pero ese no es el único papel que juega en la cocina. Algunos tipos de pescado también pueden asarse lentamente o mezclarse con un risotto para obtener un platillo sustancioso y completo. Las recetas que presentamos a continuación son de comidas agradables, a menudo formadas de un solo plato, que valen la pena a pesar del tiempo extra que requieren. Prácticamente no necesitan ninguna guarnición, y pueden duplicarse para proporcionar sobrantes para otra comida.

SALCHICHAS DE MARISCOS CON SALSA DE MOSTAZA Y PURÉ DE PAPA AL POBLANO

ASANDO CHILES Y PIMIENTOS

Para pelar los chiles y los pimientos y darles una consistencia agradable, áselos. Precaliente el asador. Corte el chile o pimiento a la mitad a lo largo, retire el tallo y las semillas. Coloque las mitades, con la parte cortada hacia abajo, sobre una charola para hornear y áselos a 13 cm (5 in) de la fuente de calor, durante 6 minutos aproximadamente, hasta que la piel se queme y ampule. Retire del asador, tape holgadamente con papel aluminio y deje sudar y enfriar durante 10 minutos. Retire la piel quemada.

Para hacer la salsa de mostaza, blanquee las espinacas durante 30 segundos en una olla con agua salada hirviendo. Escurra, enjuague bajo el chorro de agua fría y exprima. En una licuadora o procesador de alimentos, combine las espinacas, con el aceite de canola, mostaza, vinagre, perejil, estragón y 1 cucharadita de sal. Mezcle hasta suavizar. Pase la mezcla a una olla pequeña y mantenga caliente sobre calor bajo.

Mientras tanto, cocine las papas enteras y con piel, en una olla con agua salada hirviendo de 20 a 40 minutos, dependiendo del tamaño, hasta que se sientan suaves al picarlas con un cuchillo. Agregue los dientes de ajo durante el último minuto de cocimiento. Escurra las papas y el ajo y reserve el ajo. Enjuague las papas bajo el chorro de agua fría hasta que pueda tocarlas y pele.

En una olla pequeña, combine la leche con la mantequilla y caliente sobre calor bajo, hasta que la mantequilla se derrita. Agregue la pimienta de cayena y sal y pimienta al gusto. Retire del fuego.

Pase las papas y el ajo a través del disco fino de un molino para alimentos o un pasapurés colocado sobre un tazón precalentado. (O, si lo desea, presione con un tenedor o prensador de papas). Agregue la mezcla de leche caliente y el chile poblando y bata con una cuchara de madera hasta suavizar. Pruebe y rectifique la sazón. Tape y reserve.

Caliente una sartén grande para freír o una sartén para asar sobre calor medio; barnice con aceite de oliva. Pique cada salchicha varias veces con un tenedor y coloque en la sartén. Fría, volteando las salchichas para dorar por todos lados, cerca de 10 minutos, hasta que estén totalmente opacas. Sirva las salchichas y el puré de papa sobre platos precalentados acompañando con la salsa de mostaza.

Nota: Las salchichas de mariscos, por lo general hechas de salmón, camarones, callo de hacha, hierbas y claras de huevo, se pueden encontrar en el supermercado en la sección de pescados y mariscos.

RINDE 4 PORCIONES

PARA LA SALSA DE MOSTAZA:

250 g (½ lb) de espinacas

6 cucharadas (80 ml/3 fl oz) de aceite de canola o aceite vegetal

¼ taza (60 g/2 oz) de mostaza Dijon

2 cucharadas de vinagre de sidra

½ taza (15 g/½ oz) de perejil liso (italiano) fresco, picado

2 cucharadas de estragón fresco, picado

Sal de grano grueso

875 g (1¾ lb) de papas doradas Yukon o russet, con piel

8 dientes de ajo

¾ taza (60 g/2 oz) de mantequilla sin sal

⅛ cucharadita de pimienta de cayena

Sal de grano grueso y pimienta blanca o negra molida

1 chile poblano, asado y sin piel *(vea explicación a la izquierda),* finamente picado

1 cucharada de aceite de oliva

750 g (1½ lb) de salchichas de mariscos (vea Nota)

FILETES DE PEZ ESPADA A LA PROVENZAL

4 lonjas de pez espada, cada una de 185 a 250 g (6-8 oz) y 2.5 cm (1 in) de grueso, sin piel

4 filetes de anchoa en aceite, drenados, cada uno cortado en 3 trozos iguales

2 cucharadas de aceite de oliva extra virgen

1 taza (155 g/5 oz) de cebolla amarilla o blanca finamente picada

3 dientes de ajo, finamente picados

2 tazas (750 g/24 oz) de jitomates sin piel ni semillas y picados (página 86) o 1 lata (875 g/28 oz) de jitomates picados con jugo

2 cucharadas de puré de tomate

¾ taza (180 ml/6 fl oz) de vino blanco

2 cucharadas de vinagre balsámico o vinagre de vino tinto

Sal de grano grueso y pimienta recién molida

15 hojas de albahaca fresca, picadas

12 aceitunas negras tipo Niçoise o Kalamata

1 cucharada de ralladura de limón

Precaliente el horno a 220ºC (425ºF). En un tazón, cubra las calabazas con 1 cucharada del aceite de oliva.

Coloque los filetes de pescado sobre un plato en una sola capa. Acomode las rebanadas de calabacita sobre los filetes, sobreponiéndolas para que parezcan escamas. Presione para que se mantengan en su lugar y espolvoree con sal y pimienta al gusto. Tape y refrigere.

En una sartén mediana para saltear, caliente 2 cucharadas del aceite sobre calor medio-alto. Agregue los chalotes y saltee aproximadamente 2 minutos, hasta que estén translúcidos. Añada el ajo y saltee aproximadamente 1 minuto, hasta que esté suave. Integre los jitomates y el azúcar y sazone con sal y pimienta al gusto. Hierva, reduzca el calor a medio-bajo y hierva a fuego lento, sin cubrir, durante 5 minutos para mezclar los sabores. Incorpore el eneldo.

Vierta la salsa de jitomate hacia un refractario de servicio lo suficientemente grande para poder colocar los filetes de pescado en una sola capa. Coloque el pescado sobre la salsa de jitomate. Hornee cerca de 20 minutos, hasta que el pescado esté totalmente opaco. Retire del horno, adorne con los cuarterones de limón y sirva directamente del refractario.

Variación: Puede sustituir el pez espada de esta receta por atún, tiburón, halibut, o salmón. La misma salsa también puede complementar pollo o pasta.

Para Servir: Sirva con hinojo tierno o ejotes al vapor.

RINDE 4 PORCIONES

ACEITUNAS NEGRAS

Las aceitunas negras curadas se hacen en muchos países del Mediterráneo, incluyendo Grecia, Francia, Italia y España. Para este platillo provenzal, use aceitunas Niçoise del sur de Francia que son pequeñas y no son demasiado fuertes. Otras aceitunas que son ligeramente saladas son las griegas Kalamata. Estas deliciosas aceitunas negras son bastante grandes y puntiagudas. Ambos tipos de aceitunas se usan tradicionalmente sin hueso. Las aceitunas negras maduras que vienen en lata o en frasco no son adecuadas para este platillo.

FILETE DE RELOJ ANARANJADO HORNEADO CON CALABACITAS Y JITOMATE

REBANANDO DELGADO

Las rebanadas de calabacitas, usadas en esta receta, deben ser tan delgadas como una hoja de papel, prácticamente translúcidas. Esto se puede lograr con un cuchillo de chef y algo de paciencia, pero si usa una mandolina rebanará delgado en un abrir y cerrar de ojos. Los alimentos se mueven sobre las cuchillas sumamente filosas de este utensilio como si estuviera tocando una mandolina, por lo que se le da ese nombre a este utensilio. Existen mandolinas francesas de metal y rebanadoras asiáticas de plástico. Si su modelo no tiene una manija, mantenga su mano lo más plana que pueda y sus dedos lejos de las cuchillas mientras rebana.

Precaliente el horno a 220ºC (425ºF). En un tazón, cubra las calabazas con 1 cucharada del aceite de oliva.

Coloque los filetes de pescado sobre un plato en una sola capa. Acomode las rebanadas de calabacita sobre los filetes, sobreponiéndolas para que parezcan escamas. Presione para que se mantengan en su lugar y espolvoree con sal y pimienta al gusto. Tape y refrigere.

En una sartén mediana para saltear, caliente 2 cucharadas del aceite sobre calor medio-alto. Agregue los chalotes y saltee aproximadamente 2 minutos, hasta que estén translúcidos. Añada el ajo y saltee aproximadamente 1 minuto, hasta que esté suave. Integre los jitomates y el azúcar y sazone con sal y pimienta al gusto. Hierva, reduzca el calor a medio-bajo y hierva a fuego lento, sin cubrir, durante 5 minutos para mezclar los sabores. Incorpore el eneldo.

Vierta la salsa de jitomate hacia un refractario de servicio lo suficientemente grande para poder colocar los filetes de pescado en una sola capa. Coloque el pescado sobre la salsa de jitomate. Hornee cerca de 20 minutos, hasta que el pescado esté totalmente opaco. Retire del horno, adorne con los cuarterones de limón y sirva directamente del refractario.

Preparación por Adelantado: Este platillo puede prepararse hasta con 3 horas de anticipación, taparse y refrigerarse.

Variación: El filete de reloj anaranjado (orange roughy) de esta receta se puede sustituir por filetes de lenguado, cabrilla común, rascacio, huachinango, pescado azul, mero o sábalo.

RINDE 4 PORCIONES

2 calabacitas (courgettes), aproximadamente 500 g (1 lb) en total, cortadas en rebanadas de 3 mm (1/8 in) de grueso

4 cucharadas (60 ml/2 fl oz) de aceite de oliva

4 filetes de reloj anaranjado (orange roughy) de 185 a 250 g (6–8 oz) cada uno, con piel

Sal de grano grueso y pimienta recién molida

3 chalotes, finamente picados

2 dientes de ajo, finamente picados

1 lata (875 g/28 oz) de jitomates machacados

1 cucharadita de azúcar

1/4 taza (10 g/1/3 oz) de eneldo fresco picado

1 limón, en cuarterones

RISOTTO CON BACALAO DE PROFUNDIDAD Y PORO

5 tazas (1.25 l/40 fl oz) de caldo de pescado (página 110) o jugo de almeja embotellado

2 cucharadas de aceite de oliva

500 g (1 lb) de poros, únicamente su parte blanca, en cuarterones a lo largo y picados

4 cebollitas de cambray, incluyendo un poco de sus partes suaves de color verde, rebanadas

3 dientes de ajo, finamente picados

1½ taza (330 g/10½ oz) de arroz Arborio u otro arroz de grano medio

1 taza (250 ml/8 fl oz) de vino blanco seco

625 g (1¼ lb) de filetes de bacalao de profundidad, sin piel ni espinas, cortado en cubos de 4 cm (1½ in)

3 cucharadas de romero fresco finamente picado, más algunas ramas para decorar

Sal de grano grueso y pimienta blanca recién molida

2 cucharadas de ralladura de limón

En una olla, hierva el caldo sobre calor medio-alto. Reduzca la temperatura a baja y mantenga hirviendo a fuego lento.

En una olla grande y gruesa, caliente el aceite de oliva sobre calor medio. Agregue los poros, cebollitas de cambray y ajo. Saltee cerca de 3 minutos, hasta que se marchiten. Agregue el arroz y mezcle aproximadamente durante 2 minutos, hasta que esté brillante.

Agregue el vino y cocine, moviendo hasta que casi se evapore. Agregue un cucharón del caldo hirviendo, reduzca la temperatura a calor bajo y cocine, aproximadamente durante 3 minutos, moviendo, hasta que el caldo casi se haya absorbido. Continúe agregando caldo de la misma manera, manteniendo los granos ligeramente húmedos en todo momento y moviendo continuamente, durante 25 minutos en total, hasta que el arroz esté casi al dente (suave pero aún firme en el centro de cada grano).

Agregue el pescado, romero finamente picado y sal y pimienta blanca al gusto. Cocine durante 3 minutos, moviendo suavemente para que no se rompa el pescado. Pruebe el arroz y continúe cocinando aproximadamente 3 minutos más, hasta que el arroz esté al dente y el pescado esté totalmente opaco.

Integre la ralladura de limón. Pase a platos individuales para sopa o un platón de servicio precalentado. Adorne con ramas de romero y sirva de inmediato.

Para Servir: Sirva este platillo blanco con una ensalada de colores vivos, como la ensalada de jitomates y pimientos rojos (capsicum).

Variación: El bacalao de profundidad de esta receta se puede sustituir por rascacio, huachinango, perca, lubina, blanquillo o corvina.

RINDE 4 PORCIONES

CONOCIENDO EL RISOTTO

El risotto se hace con variedades específicas de arroz clasificado como de grano medio en Estados Unidos y de grano corto en Europa. El más común es el Arborio. El arroz por naturaleza, está cubierto con una capa de almidón que le da al risotto su maravillosa consistencia cremosa. El Baldo, Vialone Nano y Carnaroli son otras variedades de arroz de grano medio con una capa de almidón. La clave para hacer un buen risotto es agregar consomé caliente al arroz, poco a poco, y dejarlo que absorba lentamente el líquido antes de agregar más. No permita que el risotto hierva totalmente, sino que cocínelo hirviendo a fuego lento para que el arroz tenga más tiempo y pueda esponjarse y suavizarse lentamente.

RASCACIO ASADO CON HINOJO Y CEBOLLAS

Precaliente el horno a 200ºC (400ºF). En una sartén grande, caliente el aceite a calor medio-alto. Agregue la cebolla, apio, zanahoria, hinojo y ajo y saltee aproximadamente 5 minutos, hasta suavizar. Integre el eneldo picado y sal y pimienta al gusto. Pase dos terceras partes de la mezcla de verduras a un refractario lo suficientemente grande para poder colocar el pescado.

Coloque el pescado sobre las verduras, y cubra con las verduras restantes. Coloque la misma sartén sobre calor medio y agregue el vino blanco. Hierva a fuego lento y desglase la sartén, moviendo con una espátula de madera para raspar los trocitos dorados de la base de la sartén. Hierva a fuego lento 1 minuto y vierta sobre el pescado y verduras. Tape el plato con papel aluminio.

Hornee aproximadamente 30 minutos, bañando ocasionalmente con los jugos del refractario, hasta que el pescado esté totalmente opaco y un termómetro de lectura instantánea, insertado en la parte más gruesa del pescado por atrás de la cabeza, registre 60ºC (140ºF).

Retire del horno y pase cuidadosamente a un platón precalentado. Adorne con ramas de eneldo y sirva de inmediato.

Variación: Este platillo también se puede preparar con un huachinango, robalo rayado o pescado azul entero.

RINDE 4 PORCIONES

PREPARACIÓN DEL HINOJO

Este bulbo verde claro con tallos delgados y hojas en frondas, imparte un suave sabor similar al anís. Para preparar el hinojo antes de cocinarlo, primero retire las partes cafés que pueda tener el bulbo. Retire los tallos largos y use únicamente el bulbo, recortando la base del corazón si ésta fuera gruesa y dura. Parta el bulbo a la mitad a lo ancho y coloque las mitades con la parte cortada hacia abajo para mantenerlos firmes sobre una superficie de trabajo. Corte las mitades de bulbo en rebanadas delgadas a lo largo.

3 cucharadas de aceite de canola o aceite de oliva

1 taza (105 g/3½ oz) de cebolla amarilla o blanca rebanada

1 taza (125 g/4 oz) de apio rebanado

1 taza (155 g/5 oz) de zanahoria sin piel, a la mitad y rebanada

1 taza (155 g/5 oz) de hinojo rebanado

2 dientes de ajo, finamente picados

2 cucharadas de eneldo fresco picado, más algunas ramas para adornar

Sal de grano grueso y pimienta recién molida

1 rascacio entero, de 1 kg (2 lb), pida a su pescadero que lo limpie

1 taza (250 ml/8 fl oz) de vino blanco seco

PAELLA

2 cucharadas de aceite de oliva

2 rebanadas gruesas de tocino, en dados

1 cebolla grande, picada

4 dientes de ajo, picados

1 pimiento verde (capsicum), sin semillas y picado

2 tazas (440 g/14 oz) de arroz para paella (vea Nota)

1 cucharadita de orégano

1 cucharadita de cilantro molido

4 tazas (1 l/32 fl oz) de jugo de almeja o agua

2 trozos de chorizo español, en rebanadas de 6 mm (¼ in) de grueso

4 jitomates enteros de lata, picados

1 cucharadita de hilos de azafrán

375 g (¾ lb) de camarones (langostinos)

375 g (¾ lb) de calamares

375 g (¾ lb) de filetes de rape, bacalao, o huachinango, sin piel ni espinas

750 g (1½ lb) de mejillones, tallados y sin barbas, si las tuviera (página 97)

¾ taza (180 ml/6 fl oz) de vino blanco seco

Sal de grano y pimienta

1 taza de chícharos miniatura, descongelados

En una cacerola gruesa u horno holandés, caliente el aceite a temperatura media-alta. Agregue el tocino y cocine aproximadamente 2 minutos, hasta que esté crujiente. Reduzca el calor a medio. Agregue la cebolla y cocine cerca de 4 minutos, hasta suavizar; agregue el ajo y pimiento y aproximadamente 5 minutos más, hasta suavizar. Integre el arroz, orégano y cilantro. Mezcle durante 2 minutos, hasta que el arroz esté brillante. Caliente el jugo de almeja y agréguelo con el chorizo, jitomates y azafrán. Integre, tape y cocine sobre calor bajo aproximadamente 25 minutos, hasta que prácticamente se haya absorbido todo el líquido y el arroz esté suave. Mueva ocasionalmente a medida que el arroz se cocina y agregue un poco de agua si se llega a secar.

Mientras se cuece el arroz, prepare los mariscos. Pele y limpie los camarones (página 93). Corte los calamares en anillos de 6 mm (¼ in) (página 98). Corte los filetes de pescado en cubos de 2.5 cm (1 in). Reserve.

Mientras tanto, coloque los mejillones y el vino en una olla con tapa, desechando los que no se cierren al tocarlos. Cocine al vapor los mejillones cerca de 5 minutos, hasta que se abran las conchas. Deseche aquellos que no se hayan abierto. Retire los mejillones y reserve. Cuele el caldo a través de un trozo de manta de cielo (muselina) o una coladera de malla fina colocada sobre un tazón. Agregue sal y pimienta al gusto. Agregue los camarones, calamares, pescado, chícharos y caldo de mejillones a la paella y cocine 5 minutos.

Para servir, adorne la paella con los mejillones.

Nota: El arroz Bomba, Calasparra y Arborio son los indicados para hacer paella. Si no los encuentra, sustituya por arroz de grano largo y aumente el tiempo de cocimiento 5 ó 10 minutos antes de agregar los mariscos.

Para Servir: Si lo desea, acompañe la paella con tiras delgadas de jamón serrano, alcaparras o tiras delgadas de pimientos rojos (capsicums) sin piel y asados.

RINDE DE 6 A 8 PORCIONES

HACIENDO PAELLA

Aunque la preparación de la paella es un poco tardada, la paella española es un platillo grandioso que se sirve en una celebración. Es mejor preparar los ingredientes con anticipación y empezar a cocinar la paella una hora antes del momento de servirla. Se puede cocinar en una paellera amplia y poco profunda, pero es más difícil cocinarla, ya que no tiene tapa y si se cocina sobre la estufa quizás los ingredientes no se cuezan uniformemente. A algunas personas les gusta el sabor del arroz ligeramente quemado, pero otros cocineros prefieren usar una cacerola a prueba de flamas o un horno holandés ya que éste método es más fácil y confiable.

RAPE ASADO CON
TOCINO Y JITOMATES

En una cacerola gruesa a prueba de flamas u horno holandés, caliente el aceite sobre calor medio-alto. Agregue el tocino y el ajo y saltee aproximadamente 5 minutos, hasta que el tocino esté crujiente y el ajo empiece a dorarse. Empuje el tocino y el ajo hacia un lado y coloque el rape en la cacerola. Selle hasta que esté ligeramente dorado por ambos lados, usando unas pinzas para voltearlo. Espolvoree ligeramente con sal y pimienta. Agregue los jitomates y apílelos, junto con la mezcla de tocino, sobre el rape.

Agregue vino blanco y albahaca y mezcle para raspar los trocitos dorados del fondo. Reduzca el calor a bajo, cubra y cocine cerca de 20 minutos, o hasta que la carne empiece a desprenderse del espinazo.

Sirva el pescado sobre un platón precalentado, colocando las verduras sobre el pescado y alrededor de él.

Nota: El rape tiene carne firme y blanca pegada a un espinazo central, y no tiene costillas. Si se cocina entero, el rape absorbe bien los sabores; el tocino, jitomate, ajo y albahaca lo sazonan a la perfección.

Variación: El rape de esta receta se puede sustituir por filetes gruesos de mahimahi o tiburón

RINDE 4 PORCIONES

PELANDO JITOMATES

Para pelar jitomates, hierva agua en una olla. Usando un cuchillo filoso, corte una X poco profunda en la orilla inferior de cada jitomate. Tenga listo un tazón de agua con hielo. Sumerja los jitomates en el agua hirviendo y blanquéelos durante 15 segundos. Posteriormente, usando una cuchara ranurada, páselos al agua con hielo para detener el cocimiento. Pele los jitomates con sus dedos o un cuchillo pequeño. Para retirar las semillas, rebane los jitomates a la mitad a lo ancho y exprima suavemente y agite, usando sus dedos si fuera necesario, para retirar las semillas.

2 cucharadas de aceite de oliva

6 rebanadas gruesas de tocino, cortadas en trozos de 2.5 cm (1 in)

1 cabeza de ajo, sus dientes separados y sin piel

1.5 ó 2 kg (3-4 lb) de rape entero, pida a su pescadero que retire la piel y las agallas

Sal de grano grueso y pimienta recién molida

4 jitomates, sin piel ni semillas *(vea explicación a la izquierda)*, picados grueso

1 taza (250 ml/8 fl oz) de vino blanco seco

1 cucharada de albahaca fresca picada

MARISCOS

Las variedades de mariscos que podemos disfrutar de las costas de todo el mundo parece ser ilimitada, incluyendo los bivalvos como las almejas, ostiones, mejillones y callo de hacha, así como los crustáceos como los cangrejos, langostas y camarones. Algunos mariscos se deben comprar vivos y la mayoría se cocinan brevemente para resaltar lo mejor de su carne, su sabor puro y su delicada textura.

CROQUETAS DE CANGREJO CON ROUILLE

ROUILLE

Para preparar el rouille, cocine 1 papa russet en cuarterones, en una olla con agua hirviendo, cerca de 15 minutos, hasta que se suavice. Escurra y pique toscamente. En una sartén pequeña para freír, caliente ¼ taza (60 ml/2 fl oz) de aceite de oliva, a fuego medio. Añada 4 dientes de ajo, partidos a la mitad, y fría cerca de 1 minuto, hasta dorar. Pase el ajo y el aceite a una licuadora o procesador de alimentos. Agregue 2 pimientos rojos asados, picados toscamente (página 74), la papa, 1 cucharadita de azafrán disuelto en 1 cucharada de vino blanco, ¼ taza (60 ml/2 fl oz) de agua, 1 cucharada de jugo de limón fresco y 2 pizcas de pimienta de cayena. Procese hasta tener una consistencia tersa. Sazone con sal y pimienta.

Precaliente el horno a 230ºC (450ºF). En un molde para preparar 12 muffins, coloque 10 capacillos. Rellene los 2 espacios restantes a la mitad con agua (esto evitará que molde se queme en el horno). Si utiliza granos de elote fresco, cocínelos en una olla pequeña con agua hirviendo con sal cerca de 3 minutos, hasta suavizar. Escurra y reserve.

En una sartén sobre fuego medio, fría el tocino cerca de 5 minutos, hasta que esté crujiente. Con una cuchara ranurada pase a toallas de papel para escurrir.

En un tazón, mezcle la mayonesa con la mostaza, huevo, pimienta negra al gusto y pimienta de cayena. Añada los granos de elote, tocino, cangrejo, cebollín, estragón y ½ taza (75 g/2½ oz) de cornmeal. Divida en 10 porciones iguales y forme una tortita con cada porción para que quepa en cada capacillo. Coloque el resto del cornmeal sobre un plato y cubra las croquetas uniformemente. Coloque cada croqueta dentro de un capacillo en la charola preparada de muffins.

Hornee aproximadamente 15 minutos, hasta dorar. Retire de los capacillos, pase a un platón precalentado y sirva con el rouille y los triángulos de pan tostado.

Nota: Rouille, del francés que significa moho, es un acompañamiento tradicional para varios platillos de pescado, especialmente para la boullabaise (página 17). Esta salsa sazonada contiene usualmente pimientos (capsicums) o chiles, ajo y aceite de oliva. El rouille tiene una consistencia espesa y se puede mezclar con caldo de pescado; unte sobre rebanadas de pan baguette tostado o sirva como guarnición, como se indica en esta receta

Variación: El cangrejo de esta receta se puede sustituir por pescados cocidos como el salmón, atún, bacalao, lenguado o huachinango, o mariscos como el camarón cocido y picado.

RINDE 5 PORCIONES

---

1 taza (185 g/6 oz) de granos de elote fresco o descongelado

4 rebanadas de tocino o panceta, finamente picada

3 cucharadas de mayonesa

2 cucharadas de mostaza Dijon

1 huevo batido

Pimienta negra recién molida

2 pizcas de pimienta de cayena

750 g (1½ lb) de trozos de cangrejo, sin fragmentos de concha

3 cucharadas de cebollín fresco, picado con tijeras

2 cucharadas de estragón fresco

¾ taza (125 g/4 oz) de cornmeal de grano grueso

Rouille para acompañar *(vea explicación a la izquierda)*

5 rebanadas de pan blanco sin corteza, tostado y cortado en triángulos

CAMARONES SALTEADOS CON LIMÓN Y AJO

4 cucharadas (60 ml/2 fl oz) de aceite de oliva

625 g (1¼ lb) de camarón grande (langostinos), sin piel y limpio, con cola

6 dientes de ajo, finamente picados

Sal de grano y pimienta recién molida

2 cebollitas de cambray con todo y tallos, cortadas en rebanadas delgadas

2 cucharadas de perejil liso (italiano) fresco, picado

¼ taza (60 ml/2 fl oz) de jugo de limón fresco

En una sartén grande, caliente 2 cucharadas de aceite sobre fuego medio-alto. Añada la mitad de los camarones a la sartén y cocine cerca de 1 minuto, hasta que estén rosados por un lado. Voltee los camarones con pinzas, añada la mitad del ajo y cocine por unos segundos, hasta que estén rosados por el segundo lado. Añada la sal y pimienta al gusto, mezcle y agregue rápidamente la mitad de las cebollitas, perejil y jugo de limón. Mezcle otra vez y pase a un platón precalentado. Limpie la sartén con toallas de papel y repita la operación con los camarones restantes y los demás ingredientes. Sirva de inmediato.

Nota: los camarones únicamente necesitan una pequeña cantidad de sazonadores y un rápido cocimiento para resaltar su dulce sabor natural.

Variación: Los callos de hacha pueden ser preparados de la misma manera.

RINDE 4 PORCIONES

LIMPIANDO CAMARONES

Si el intestino que corre a lo largo de la espalda del camarón se ve claramente, a menudo se retira por estética y textura. Por lo general sólo se limpian los camarones grandes y los jumbo. Pele el camarón y deje la cola intacta si lo desea. Con un cuchillo pequeño corte a lo largo de la curva de la espalda y retire el intestino expuesto. Para las recetas que piden camarones sin pelar, corte hacia abajo con tijeras a través del caparazón, dejando el suave caparazón en su lugar cuando usted retire el intestino.

CALLO DE HACHA CON PANCETTA

PREPARANDO CALLOS

Encontrar callos de hacha en su concha es algo bastante raro, es más común encontrarlos en el mercado fuera de sus conchas. El músculo abductor es la parte del callo de hacha que nos comemos. Es lo que une las conchas de estos bivalvos. Los callos de hacha grandes, de 500 g (14 por lb), tienen un tejido blanco duro a cada lado del callo que se ve claramente. Únicamente jale y deseche. Busque los barcos del día o a algún buzo para obtener los callos más frescos en vez de aquellos que son mantenidos en soluciones preservativas.

Precaliente el horno a 230ºC (450ºF). Acomode las rebanadas de panceta sobre una superficie de trabajo y espolvoree uniformemente con el tomillo. Coloque los callos de hacha con su parte circular en el centro de cada rebanada de panceta y envuelva la panceta alrededor del callo, sobreponiendo las orillas de la panceta. Barnice un refractario de horno con el aceite de oliva y ponga ½ taza (125 ml/4 fl oz) de agua en el refractario. Ponga los callos envueltos en el refractario, hacia arriba, acomodándolos uno junto a otro.

Vierta agua a una profundidad de 4 cm (1½ in) en una olla. Coloque las yemas en un tazón refractario lo suficientemente grande para que quepa dentro de la olla sin tocar el agua y bata a mezclar. Añada el vino y la ½ taza de agua restante y bata hasta integrar. Reserve. Deje que el agua de la olla hierva. Reduzca el fuego.

Ponga los callos en el horno y cocine cerca de 8 minutos, hasta que la panceta esté crujiente y los callos se opaquen.

Mientras tanto, coloque el tazón con las yemas sobre el agua hirviendo a fuego lento (pero sin tocarla). Bata cerca de 8 minutos, hasta que la mezcla se espese y se convierta en una salsa esponjada. Sazone al gusto con sal y pimienta y retire del calor.

Integre el cebollín picado a la salsa batida. Pase los callos a platos individuales precalentados o a un platón. Vierta la salsa alrededor de los callos. Decore con el cebollín entero. Sirva de inmediato.

Variación: Los callos de hacha de esta receta se pueden sustituir por camarones (langostinos) sin piel o carne de cola de langosta.

RINDE 4 PORCIONES

20 rebanadas muy delgadas de pancetta o tocino de 2.5 cm (1 in) de ancho

2 cucharadas de tomillo fresco o 1 cucharada de tomillo seco

750 g (1½ lb) de callo de hacha, sin sus pequeños músculos

1 cucharada de aceite de oliva

1 taza (250 ml/8 fl oz) de agua

4 yemas de huevo

½ taza (125 ml/4 fl oz) de vino blanco seco

Sal de grano y pimienta recién molida

2 cucharadas de cebollín fresco, picado con tijeras, más 8 cebollines enteros para decorar

MEJILLONES CON JITOMATE E HINOJO

2 cucharadas de aceite de oliva

½ bulbo de hinojo, limpio y finamente picado, las frondas como decoración opcional

4 dientes de ajo, rebanados a lo largo

4 jitomates, sin piel y sin semillas (página 86), picados toscamente

1 cucharada de puré de tomate

1 taza (250 ml/8fl oz) de vino blanco seco

2 kg (4 lb) de mejillones tallados y sin barbas si fuera necesario *(vea explicación a la derecha)*

1 cucharada de ralladura de naranja

Hojas de 2 ramas grandes de albahaca fresca, picada toscamente, más pequeñas hojas enteras para decoración opcional

Sal de grano y pimienta recién molida

1 cucharada de Pernod u otro licor de anís

Precaliente el horno a 200ºC (400ºF). En una olla grande, caliente el aceite de oliva sobre fuego medio. Añada el hinojo picado y el ajo y saltee aproximadamente 5 minutos, hasta que empiecen a tomar color. Agregue el jitomate y el puré de tomate y mezcle; hierva a fuego lento, sin tapar, durante 10 minutos. Retire del fuego y mantenga caliente.

En una olla sobre fuego medio, hierva el vino. Reduzca el calor a bajo y cocine por 3 minutos más. Aumente el fuego a medio y añada los mejillones, desechando aquellos que no se cierren al tacto. Tape y cocine, cerca de 5 minutos, agitando la olla periódicamente, hasta que los mejillones estén totalmente abiertos. Deseche los que no se hayan abierto. Mueva una vez. Retire del fuego y deje enfriar.

Retire y deseche una concha de cada mejillón y acomode los mejillones en sus conchas individuales en una charola para hornear con bordes. Cuele el jugo de cocimiento sobre una manta de cielo (muselina) o un colador de malla fina colocado sobre un tazón y guarde para otro uso, o reserve para servir en tazas calientes o platos soperos con los mejillones salseados.

Vuelva a colocar la salsa del jitomate con el hinojo sobre fuego medio. Añada la ralladura de naranja, la albahaca picada y la sal y pimienta al gusto e integre el Pernod.

Mientras tanto, coloque la charola con los mejillones en el horno y cocine cerca de 1 minuto, hasta que los mejillones estén bien calientes.

Vierta un poco de salsa sobre platos precalentados. Divida los mejillones uniformemente en los platos. Coloque cucharaditas de la salsa restante sobre los mejillones en la parte redonda de cada concha. Decore con las hojas de albahaca o con algunas frondas de hinojo. Sirva de inmediato.

Para Servir: Acompañe los mejillones con una ensalada mixta de verduras verdes y rebanadas de pan campesino. La salsa es deliciosa con pasta.

RINDE 4 PORCIONES

VARIEDADES DE MEJILLONES

Para este platillo, usted puede utilizar pequeños mejillones azules, que son más grandes y suaves que los mejillones del Mediterráneo; o mejillones verdes de Nueva Zelanda y China. Los mejillones azules se pueden encontrar tanto en el océano Pacífico como en el Atlántico, pero en la actualidad la mayoría son cultivados. Esto es una ventaja, ya que llegan al mercado limpios y sin barbas, por lo que únicamente usted tendrá que sumergirlos en agua fría en su fregadero y tallarlos. Si los mejillones tienen barbas, que son los hilos que los unían a las rocas, sólo jálelos y deséchelos antes de cocinar. Los mejillones verdes se pueden encontrar tanto frescos como congelados.

LINGUINI CON SALSA ROJA DE MARISCOS

En una olla grande, caliente el aceite de oliva sobre fuego medio-alto. Añada la cebolla y saltee cerca de 5 minutos, hasta dorar. Agregue el ajo y saltee 30 segundos, hasta dorar. Añada los jitomates, vino, puré de tomate y reduzca el fuego a medio; cocine sin tapar cerca de 10 minutos, hasta que espese ligeramente. Sazone al gusto con sal y pimienta, integre la ralladura de limón, retire del fuego y mantenga caliente.

En una olla con agua hirviendo con sal, cocine el linguini de 8 a 10 minutos, hasta que esté al dente.

Mientras la pasta se cocina, coloque las almejas en una olla grande, desechando las que no se cierren al tocarlas. Añada ¼ de taza (60 ml/2 fl oz) de agua, tape la olla y cocine las almejas a fuego medio, cerca de 3 minutos, agitando la olla periódicamente. Agregue los mejillones, desechando una vez más los que no se cierren al tocarlos y cocine 2 ó 3 minutos más, hasta que se abran las almejas y mejillones. Deseche cualquier marisco que no se haya abierto. Cuele los jugos de la olla, en una manta de cielo (muselina) o un colador de malla muy fina, sobre un tazón y reserve.

Mientras tanto, regrese la salsa de jitomate a fuego medio. Añada los camarones y cocine 1 minuto. Agregue los anillos de calamar y cocine cerca de 1 minuto más, hasta que los camarones estén rosados y los calamares opacos. Añada las almejas y mejillones y sus jugos reservados. Integre 1 cucharada del perejil.

Escurra el linguini y ponga en un tazón precalentado. Ponga cucharadas de la salsa sobre la pasta, acompañe con los jitomates cereza y espolvoree con la cucharada restante de perejil. Sirva de inmediato.

Variación: Este sencillo platillo de pasta y mariscos, fácil de preparar, se puede hacer con otro tipo de pasta como el spaghetti, spaghettini, y fetuccini. Usted también puede usar variedades de mariscos, como se indica en esta receta o usar sólo un tipo.

RINDE 4 PORCIONES

LIMPIANDO CALAMARES

Usted puede comprar filete de calamar o calamares enteros. Para limpiar usted mismo un calamar: jale la cabeza y los tentáculos del cuerpo o la parte tubular del calamar. Alcance dentro del tubo y jale para sacar el interior y deseche. Asegúrese de encontrar y desechar el cartílago. Enjuague el tubo. Corte los tentáculos por arriba de los ojos. Exprima el corte final de los tentáculos para retirar la parte dura y redonda o "pico" de la base y deseche. Recorte los tentáculos al mismo largo. Repita la operación con el resto de los calamares. Si los calamares ya están limpios, sólo enjuague.

2 cucharadas de aceite de oliva

1 cebolla blanca o amarilla, picada

4 dientes de ajo, finamente picados

1 lata (875 g/28 oz) de jitomates guaje en cubos, reservando su jugo

½ taza (125 g/4 fl oz) de vino blanco seco

2 cucharadas de puré de tomate

Sal de grano y pimienta recién molida

2 cucharadas de ralladura de limón

250 g (½ lb) de linguini seco

12 almejas littleneck o 375 g (¾ lb) de almejas Manila, talladas

500 g (1 lb) de mejillones talladas y sin barbas, si fuera necesario (página 97)

500 g (1 lb) de camarón mediano (langostinos), sin piel y limpio (página 93)

250 g (½ lb) de calamares limpios *(vea explicación a la izquierda)*, cortados en anillos de 6 mm (¼ in)

2 cucharadas de perejil liso (italiano) fresco, picado

12 jitomates cereza, cortados en cuartos

OSTIONES TIBIOS CON PORO Y SALSA DE TOCINO

6 rebanadas de tocino, picadas toscamente

3 cucharadas de mantequilla sin sal

250 g (½ lb) de poros, incluyendo las partes suaves de color verde, finamente picados

1 taza (250 ml/8 fl oz) de vino blanco seco

2 tazas (500 ml/16 fl oz) de crema espesa

Sal en grano y pimienta recién molida

24 ó 36 ostiones en su media concha, reservando su licor (vea explicación a la izquierda)

3 cucharadas de eneldo fresco picado o cebollín fresco, picado con tijeras

Precaliente el horno a 190ºC (375ºF). En una sartén grande sobre fuego medio, fría el tocino cerca de 5 minutos, hasta dejar crujiente. Con una cuchara ranurada, pase el tocino a toallas de papel para escurrir, deje enfriar. Desmorone finamente. Reserve 1 cucharada de grasa de la sartén y deseche la grasa restante.

Vuelva a colocar la sartén sobre fuego medio y añada la mantequilla. Cuando la espuma de la mantequilla se baje, agregue los poros y saltee cerca de 1 minuto, hasta que empiecen a suavizarse. Añada el vino y cocine cerca de 5 minutos, hasta que se reduzca ligeramente.

Reduzca el calor a bajo, agregue la crema y hierva a fuego lento. Cocine cerca de 5 minutos, hasta que la salsa espese. Añada el tocino y sazone al gusto con sal y pimienta blanca. Retire del fuego y mantenga caliente.

Coloque los ostiones abiertos en su concha sobre una charola de horno acomodándolos en una sola capa. Hornee cerca de 7 minutos, hasta que se esponjen y se empiecen a enchinar sus orillas. Mientras tanto, integre el licor de los ostiones con la salsa y mezcle hasta incorporar. Vuelva a colocar a fuego bajo.

Pase los ostiones a platos individuales precalentados. Ponga cucharadas de la salsa sobre los ostiones, decore con el eneldo y sirva de inmediato.

Preparación: Para ahorrar tiempo en la cocina, pida a su pescadero que abra los ostiones reservando sus conchas y licor. Utilice los ostiones abiertos sólo por unas cuantas horas.

Para Servir: Es mejor servir ostiones en los meses de invierno, cuando las aguas están heladas y los mariscos están en su mejor momento.

RINDE 6 PORCIONES

OSTIONES EN LA MITAD DE SU CONCHA

Talle los ostiones con un cepillo de cerdas duras y enjuague. Con una toalla de cocina doblada, tome un ostión poniendo la parte plana hacia arriba. Inserte la punta de un cuchillo para ostiones en un lado, opuestamente a la parte de ondas concéntricas y presione hacia arriba para abrir la concha. Manteniendo la orilla de la cuchilla contra la parte interior de la concha, pase el cuchillo alrededor del ostión para separar el músculo que mantiene unidas las conchas. Levante y deseche la concha superior, guardando el licor que se derrame en un tazón. Deslice el cuchillo por debajo del ostión desprendiéndolo de la concha.

LANGOSTA AL VAPOR CON MANTEQUILLA

En 1 ó 2 ollas lo suficientemente grandes para que quepan las langostas, vierta agua hasta una profundidad de 2 cm (¼ in) y deje hervir a fuego alto. Añada 3 cucharadas de sal y coloque una canastilla vaporera flexible dentro de la olla. Tome las langostas por sus cabezas usando sus manos o unas pinzas y coloque en la canastilla vaporera. Tape la olla y reduzca el calor a medio. Cocine 15 minutos para langostas pequeñas o 25 minutos para grandes, contando el tiempo desde el momento en que las puso en la olla.

Mientras tanto, derrita la mantequilla en una olla pequeña sobre fuego bajo. Divida entre 4 tazones pequeños o ramekins. Exprima algunas gotas de jugo de limón y espolvoree sal en cada tazón con la mantequilla derretida.

Con las pinzas, pase las langostas al fregadero de la cocina y enjuague bajo el chorro del agua fría para detener el cocimiento.

Si utiliza langostas pequeñas, sírvalas enteras. Si utiliza langostas grandes, parta cada langosta a la mitad, cortando a través de la parte inferior de la concha desde la cabeza hasta la cola. O, si lo desea, rompa las langostas y retire su carne (vea explicación a la izquierda). Coloque cada langosta entera, mitad de langosta o un cuarto de la carne de la langosta, en un plato individual y acompañe con un tazón de mantequilla derretida. Para decorar, coloque una hoja de lechuga, una o dos rebanadas de jitomate y la mitad de un limón en cada plato. Si sirve langosta entera o en mitades, asegúrese de tener cascanueces y pinchos de langosta para cada comensal.

Nota: Las langostas deben mostrar señales de vida tanto en el tanque de peces como en el hielo antes de comprarlas. Una vez en casa, conserve las langostas en el refrigerador cubriéndolas con periódico húmedo o algas en una bolsa abierta, para que puedan respirar.

RINDE 4 PORCIONES

ROMPIENDO LANGOSTA

Para que sus invitados coman langosta con facilidad, rómpalas antes de servir. Primero jale las tenazas y articulaciones y desprenda la cola del cuerpo. Jale las piernas y reserve. Coloque las tenazas en una tabla y use un martillo o mazo, golpee el caparazón y extraiga la carne en pedazos lo más grandes posible. Deseche el caparazón. Con ayuda de unas tijeras, corte hacia abajo por en medio de la parte inferior de la cola, abra la concha y extraiga la carne de la cola en un solo pedazo. Rebane y acomode en platos individuales en forma decorativa.

Sal de grano

4 langostas pequeñas vivas, de 625 g (1¼ lb) cada una, o 2 langostas grandes vivas de 1.25 kg (2½ lb) cada una

2 tazas (500 g/1 lb) de mantequilla sin sal

3 limones, partidos a la mitad

4 hojas de lechuga crujientes

1 jitomate, en rebanadas

TEMAS BÁSICOS SOBRE PESCADO

Cientos de diferentes tipos de pescado, naturales o de criadero, se comen alrededor del mundo. Estos habitantes de agua dulce o salada se cocinan con rapidez y son saludables y deliciosos. Continúe leyendo para aprender la manera de escoger y preparar el pescado.

ACERCA DEL PESCADO

Los peces tienen una variedad sorprendente de formas y tamaños. Piense usted en un atún gigante que pesa cientos de kilos y luego en una diminuta anchoa que se puede comer de un bocado.

Algunos peces son planos y nadan horizontalmente. Se les conoce colectivamente como peces planos, siendo los más comunes: el rodaballo, la platija, el halibut y el lenguado. Sin embargo, la mayoría de los peces tienen el cuerpo redondeado y nadan verticalmente.

Casi todos los pescados se venden ya fileteados porque los cocineros de hoy en día no quieren quitar las espinas. Si usted tiene un pescado entero, lo puede filetear fácilmente (página 107), o puede pedirle al pescadero que lo haga. Pero también cocinar un pescado entero tiene sus ventajas; su carne es especialmente húmeda ya que su piel lo protege del calor.

Muchos pescados son de carne magra y, cuando se cocinan, tienen un delicado sabor y una textura suave que se separa en lajas. Un buen ejemplo es el lenguado, rodaballo, robalo,

huachinango, raya, bacalao, perca y el pescado blanco. Otros pescados, incluyendo al pez espada, halibut, atún, rape y mahimahi, tienen la carne firme y mullida. Algunos pescados aceitosos y que tienen un sabor fuerte son la macarela, el pescado azul, el salmón y las sardinas. Generalmente, el pescado toma muy poco tiempo para cocinarse, por lo que se puede preparar rápidamente.

ELIGIENDO EL PESCADO

Compre el pescado en una pescadería especializada o en la pescadería del supermercado que tenga una buena rotación. Es mejor ir a la pescadería sin una idea fija del pescado que va a llevar y comprar el que se vea más fresco y apetecible. La mayoría de los peces se pescan durante todo el año, pero algunos son de temporada, de esto depende la disponibilidad.

Use todos sus sentidos para escoger el pescado. En un supermercado en donde ya está empacado, levántelo e inspecciónelo. Si tiene algún olor, déjelo. Toque el pescado; se tiene que sentir firme, no flojo. Los ojos de un pescado entero deben estar brillantes, las escamas intactas, y la cola húmeda. Además del pescado entero, puede comprar medallones cortados transversalmente que contengan una pequeña sección de la espina de la columna; o lomos sin espinas cortados de los lados del pescado. Tanto los filetes como los medallones deben

tener la carne sólida, sin separaciones.

Los mariscos se deben ver enteros y limpios. Todos los moluscos como las almejas, mejillones y ostiones en su concha tienen que estar vivos. Si lo están, sus conchas se cerrarán apretadamente al tocarlas. (Las excepciones son los berberechos y los cangrejos de concha suave, cuyas conchas siempre están parcialmente abiertas.) Los cangrejos y las langostas vivas deberán mostrar signos de vida ya sea en su tanque o en el hielo.

El pescado congelado es una buena opción si éste ha sido profesionalmente congelado (los congeladores caseros no son lo suficientemente fríos como para conservar adecuadamente el pescado congelado por mucho tiempo). Descongele el pescado lentamente en el refrigerador.

Sirva de 125 a 250g (¼ a ½ lb) de filete de pescado por persona y casi el doble de esta cantidad si es entero.

ALMACENANDO EL PESCADO

Desenvuelva el pescado o marisco que compró, póngalo en un plato o tazón y luego envuelva y refrigere. Los mariscos vivos como los ostiones, mejillones, almejas y langosta, deben mantenerse vivos en el refrigerador, con sus envolturas abiertas para que puedan respirar.

Para obtener el mejor sabor, cocine y coma el pescado o marisco el día que lo haya comprado.

CÓMO LIMPIAR Y FILETEAR UN PESCADO

Si usted es un pescador, o conoce a alguien que lo sea, puede tener la oportunidad de limpiar el pescado. Solamente se requiere de un poco de práctica.

Primero retire las aletas con unas tijeras, si lo desea. Tenga cuidado porque algunas aletas pueden ser espinosas. (Deje las aletas si planea cocinar el pescado entero para que tenga una presentación más espectacular).

Posteriormente, usando un escamador o la orilla sin filo de un cuchillo, quite las escamas del pescado: sujetando éste por la cola, déjelo colgado sobre una bolsa de plástico o sobre el fregadero lleno de agua. Empezando por la cola y siguiendo hasta la cabeza, raspe las escamas del pescado y enjuague bien.

Limpie el pescado cortando en la cavidad al lado del abdomen, desde el orificio anal hasta la cabeza. Quite y deseche las entrañas y enjuague bien.

En la página opuesta se muestran los pasos básicos para filetear un pescado redondo.

1 Haciendo el primer corte: Ponga el pescado sobre una tabla de cortar, en ángulo, con la cabeza apuntando hacia su derecha (si usted es diestro) y la parte de atrás hacia usted. Usando un cuchillo afilado, haga un corte transversal justo por debajo de la agalla para separar la carne de la cabeza. Posteriormente, empezando por la cabeza, pase el cuchillo a lo largo de la espalda, cortando a través de la piel, hasta llegar a la cola (página opuesta, fotografía superior izquierda). Haga un corte transversal para separar la carne de la cola.

2 Repasando para hacer un corte más profundo: Repase el corte a lo largo de la espalda, cortando hacia adentro con cortes largos y suaves hasta que sienta las espinas de la columna con la punta del cuchillo (página opuesta, fotografía superior derecha).

3 Cortando la carne de las espinas: Levante la orilla de la carne, dejando ver las espinas. Corte la carne separándola de las espinas, empezando en la espalda y siguiendo la curva de las espinas con el cuchillo (página opuesta, fotografía inferior izquierda). Mientras corta, mantenga el cuchillo en contacto con las espinas para desprender la mayor parte de carne que le sea posible. Todavía no separe el filete de las espinas, ya que necesita todo el grueso para filetear el otro lado con éxito.

4 Retirando el filete del segundo lado: Voltee el pescado y haga unos cortes transversales para separar la carne de la cabeza y la cola. Empezando por la cola, haga otro corte a lo largo de la columna. Proceda como lo hizo anteriormente, separando la carne empezando por la columna, sobre las espinas, hasta llegar al abdomen. Separe el filete de las espinas (página opuesta, fotografía inferior derecha). Voltee el pescado y separe el primer filete.

Después de ser fileteado, le puede quitar la piel y cortar en trozos (para brochetas), medallones, filetes o callo de hacha. También se pueden partir por la mitad o en mariposa.

El pescado plano como el lenguado y el rodaballo se preparar del mismo modo. Corte alrededor de la cavidad y proceda como lo hizo anteriormente. La cavidad en un pescado plano es pequeña y no tiene las espinas salientes.

RETIRANDO LA PIEL

Para retirar la piel del filete, ponga el lado de la piel hacia abajo sobre una tabla de picar en la orilla más cercana a usted, con la cola del lado de su mano no dominante. Usando las uñas de su mano no dominante, sujete firmemente la piel en la parte de abajo del filete. Inserte un cuchillo de chef en un ángulo entre la piel y la carne. Jale y empuje el cuchillo hacia la cabeza, sujetando el lado de la cola firmemente con la otra mano mientras separa la carne de la piel usando el cuchillo.

RETIRANDO LAS ESPINAS LATERALES

Una fila de pequeñas espinas laterales sale ligeramente a través de la carne de todos los filetes de pescado por la cabeza y encima de donde estaba la cavidad abdominal. Recorra sus dedos sobre los filetes para encontrar las espinas y sacarlas con unas pinzas especiales para pescado o con unas pinzas de punta de aguja, o si tienen las espinas muy suaves como las del salmón, sáquelas con sus dedos. Algunas veces las espinas están tan metidas en la carne que es mejor cortarlas para sacarlas. Usando un cuchillo mondador, corte la carne a cada lado de las espinas y saque las espinas y la pequeña porción de carne que se queda pegada y deseche.

Para obtener más información de cómo preparar mejillones, vea la página 97; de cómo limpiar camarones, página 93; para preparar callo de hacha, página 94; sobre cómo abrir los ostiones, página 101; de cómo retirar la carne de la langosta, página 102; y de cómo limpiar calamares, página 98.

COCINANDO PESCADO Y MARISCOS

El pescado es uno de los alimentos más versátiles que puede preparar. Su suave sabor y su firme textura se combinan con una amplia variedad de sabores y métodos culinarios. La mayoría de los pescados y mariscos tardan muy poco tiempo en cocinarse, por lo que es importante hacerlo correctamente. (A continuación presentamos una explicación de cuál es el mejor pescado para cada métodos culinarios).

EL MEJOR PESCADO PARA ASAR A LA PARRILLA

Los filetes de carne firme, las medallones, los pescados partidos y el pescado entero como el atún, salmón, cazón, halibut, bagre, robalo rayado, pescado azul, robalo negro, mahimahi y pez espada, son todos buenas opciones para asar. La macarela también queda bien en el asador. El delicado rodaballo o los filetes de lenguado colocados directamente en el asador, se pueden desbaratar. Los mariscos como el callo de hacha, camarones (gambas), calamares, y langostas quedan de maravilla cocinados en el asador.

Las canastas para asar, hechas de parrillas de alambre con bisagras, pueden simplificar el asado de los delicados filetes o el pescado entero, los cuales algunas veces pueden pegarse a la parrilla y desbaratarse cuando se les da vuelta. Úselas también para asar el pescado y mariscos que puedan caer al fuego a través de la parrilla. Para evitar que se peguen, barnice las superficies interiores de la canasta con aceite.

EL MEJOR PESCADO PARA COCER AL HORNO

Los filetes de pescado de lisa, salmonete, pescado blanco o huachinango, o los medallones como los del salmón, bacalao, pez espada y atún, se pueden asar fácilmente en el horno. El pescado entero puede ser difícil de asar debido a su contorno. Para hacerlo consulte las instrucciones básicas para asar, vea la página 110. Asegúrese de agregar 3 mm (⅛ in) de vino blanco seco o agua en el refractario antes de asar y colocar los filetes de pescado lo más cerca posible del calor.

EL MEJOR PESCADO PARA HORNEAR

Cualquier filete de pescado se puede hornear. Si desea alguna receta para hornear vea la página 33 ó 78 de este libro. Use un recipiente para hornear poco profundo y asegúrese de vaciar 3 mm (⅛ in) de vino blanco seco o agua en el refractario antes de hornear. Esto evita que se peguen los filetes.

EL MEJOR PESCADO PARA COCER AL HORNO

Los pescados enteros como el salmón, el pescado azul, el huachinango y el mero pueden cocerse al horno. Vea la página 18.

EL MEJOR PESCADO PARA ASAR EN LA SARTÉN

Los pescados enteros de todos los tamaños, como el huachinango, salmón, pescado azul, sardinas, pámpano y pescado blanco, pueden asarse en la sartén. Para estas recetas vea la página 26 ó 38.

EL MEJOR PESCADO PARA FREIR (REBOZADO)

Los filetes de bacalao, lenguado, platija y bagre, así como los camarones y las almejas, son buenas opciones para freír. Vea la página 21

EL MEJOR PESCADO PARA SALTEAR

Todos los filetes como los de lenguado, cabrilla común, pez espada y rascacio del Pacífico, son buenos para saltear. Vea la página 10 ó 13.

EL MEJOR PESCADO PARA HORNEAR EMPAPELADO

Cualquier filete o lonja, como los del halibut, trucha, salmón pequeño, huachinango, pueden hornearse en papel encerado. Vea la página 30.

EL MEJOR PESCADO PARA USARSE EN SOPAS, GUISOS Y SALSAS PARA PASTA

El merlín, trucha, rape y salmón, así como los mejillones, almejas y calamares, son excelentes para sopas, cocidos y salsas para pasta. Vea las páginas 14, 85 y 98.

JUZGANDO EL TÉRMINO DE COCIMIENTO

Una de las cosas más importantes cuando se cocina el pescado es reconocer cuando está cocido. El pescado que queda crudo o el que se haya sobre cocido no resulta apetitoso. A continuación presentamos tres maneras para reconocer cuando el pescado tiene el término adecuado de cocimiento.

1. Toque el pescado con su dedo. Debe estar firme como la punta de su nariz. Mientras más experiencia tenga cociendo el pescado, será más fácil juzgar su cocimiento mediante el tacto.

2. La carne, que es translúcida antes de cocinarse, debe estar opaca por todos lados. (Las excepciones son el atún y el salmón, que generalmente se comen término medio-rojo o rojo). Haga una pequeña incisión en la carne con un cuchillo, en un lugar discreto, para revisar el cocimiento.

Para los camarones, corte una rebanada al lado de la cabeza para ver si está opaca. Para la langosta, el tiempo de cocimiento se calcula de acuerdo al peso, ya que la carne de adentro de la concha no se puede revisar. Siga las instrucciones de la receta para el tiempo de cocimiento. Los mejillones y las almejas están listos tan pronto como se abren. Cuando se cocina *en papillote* (en un paquete de papel encerado), el tiempo se calcula de acuerdo al grosor del filete. Calcule 10 minutos por 2.5 cm (1 in) en la parte mas gruesa, luego abra el paquete para revisar su cocimiento.

3. El método que no falla para revisar el cocimiento es el uso de un termómetro de lectura instantánea. Inserte el termómetro en la parte más gruesa del pescado lejos de la columna, la cual conduce el calor. El pescado estará cocido cuando registre 60° C (140° F).

CONSEJOS BÁSICOS PARA ASAR

Uno de los métodos más sencillos para cocinar el pescado es asarlo. Los consejos que presentamos a continuación le garantizarán los mejores resultados.

Para los asadores de carbón, deje que los carbones se quemen durante algunos minutos más allá del punto en que estén cubiertos con ceniza blanca. El fuego debe estar caliente para que el pescado quede bien sellado. Ponga su mano sobre la parrilla del asador y cuente. Si puede contar nada más hasta uno o dos antes de tener que retirar su mano, los carbones están muy calientes, a buena temperatura para un filete de res pero no para un filete de pescado. Si usted puede contra hasta tres o más, el carbón está listo para asar un pescado. Si usa su asador de gas, simplemente gire la perilla a la temperatura deseada.

Para un asado indirecto en una parrilla de carbón, adecuada para cocinar un pescado entero grande o pescados pequeños y filetes muy gruesos o medallones, apile los carbones en un lado del asador y ponga la comida en el lado opuesto. Es una manera más lenta y suave de asar. Cuando ase indirectamente, mantenga la tapa del asador cerrada pero las ventilas abiertas; el calor y el humo atrapados dentro ayudarán a cocinar el pescado y a darle un delicioso sabor ahumado.

Para un asado indirecto en un asador de gas, abra la válvula del combustible del tanque de gas, encienda las flamas como lo indica el manual, y precaliente a fuego alto. Apague un quemador y mantenga el otro a fuego alto. Ponga la comida sobre el lado apagado y cubra el asador.

Todos los pescados tendrán que estar a temperatura ambiente antes de asarlos. Cocine pescados enteros grandes o chicos, como las sardinas, en las canastas para asar de alambre con bisagras, del tamaño adecuado, para que pueda voltear el pescado sin que se desbarate.

Si es posible, use carbón en lugar de briquetas. Si lo desea, agregue al fuego virutas de madera aromatizada ya remojadas pero escurridas o hierbas secas justamente antes de colocar el pescado en el asador.

Limpie bien la parrilla del asador con un cepillo de cerdas de metal. Barnice o rocíe una pequeña cantidad de aceite sobre los alimentos que vaya a asar para evitar que se peguen a la parrilla.

Si el fuego se apaga antes de que el pescado esté completamente cocido, termine el cocimiento en un horno convencional a 220°C (425°F).

Para asar en la cocina con una sartén para asar, asegúrese de que la sartén esté caliente antes de agregar los alimentos. Esto tarda algunas veces hasta 10 minutos sobre fuego alto. Si la sartén empieza a humear, reduzca el fuego. Agregue aceite a los alimentos en vez de a la sartén. Si lo desea, puede hacer marcas cruzadas del asado en el pescado, girando el pescado 90° después de unos minutos. Calcule cocinar el pescado de 2 a 10 minutos dependiendo del grosor.

RECETAS BÁSICAS

A continuación presentamos algunas recetas que serán útiles para cualquier persona que cocine pescado.

CALDO DE PESCADO

1.25 kg (2½ lb) de huesos de pescado, cabeza y piel (vea Nota), bien enjuagados

1 cebolla grande blanca o amarilla, picada toscamente

½ bulbo de hinojo, recortado y picado toscamente

3 tallos de apio, picados toscamente

1 zanahoria, sin piel y en cubos

1 poro, incluyendo las partes verdes suaves, picado

6 tazas (1.5 l/48 fl oz) de agua

2 tazas (500 ml/16 fl oz) de vino blanco seco

En una olla grande, mezcle los huesos del pescado, cebolla, hinojo, apio, zanahoria, poro, agua y vino. Ponga sobre fuego medio hasta que suelte el hervor, desnatando la espuma conforme sea necesario. Cubra parcialmente, reduzca el fuego y deje hervir lentamente hasta que la carne empiece a desprenderse de las espinas, cerca de 25 minutos.

Cubra un colador con tela de manta de cielo (muselina) sobre un recipiente limpio. Cuele el caldo. Use el caldo de inmediato o deje enfriar. Cubra firmemente y refrigere hasta 3 días o congele hasta por 3 meses. Rinde cerca de 2 l (2 qt).

Nota: Pídale a su pescadero que separe unas espinas de pescado, algunas veces llamadas espinazo, o huesos del pescado para usted. El espinazo y los huesos de un pescado magro, como el bacalao, huachinango, rodaballo y lenguado, son ideales. Evite usar huesos de pescados aceitosos. Asegúrese de que el pescado ya no tenga agallas y que la piel no tenga escamas.

PESCADO BÁSICO ASADO AL HORNO

1 filete de pescado, 185 a 250 g (6–8 oz), o 1 medallón de pescado, 185 a 250 g (6-8 oz) a temperatura ambiente

Vino blanco seco o agua según se necesite

Ajuste la parrilla de su horno para que el filete o el medallón de pescado estén lo más cerca posible del asador, cerca de 10 cm (4 in), especialmente si es un filete delgado. Si fuera necesario, coloque otro recipiente boca abajo debajo del refractario con el pescado.

Precaliente el asador en la temperatura más alta. Si usa un horno eléctrico, puede tardar hasta 10 minutos en calentarse lo suficiente.

Ponga 3 mm (⅛ in) de vino blanco seco o agua en un recipiente poco profundo para hornear (no use un recipiente para asar que tenga ranuras o una rejilla) y acomode el pescado en el líquido. Esto evitará que el pescado se pegue al recipiente y si usa vino, le dará sabor. No hay necesidad de voltear el pescado mientras se cocina.

Ase el pescado hasta que esté dorado y bien cocido (páginas 108-109).

Un filete o medallón tarda en cocerse de 2 a 10 minutos, dependiendo del grosor del pescado.

Para Servir: Sirva un filete o medallón de pescado con un asado básico sobre una cama de verduras en juliana salteadas como zanahorias, poros e hinojos. También se puede usar eneldo fresco picado o alguna otra hierba fresca.

UNTOS Y SALSAS

Use estas recetas para vestir un simple pescado asado al horno o en el asador. Vea la lista de pescados en el glosario (página 113) para determinar cual pescado es apropiado para asar al horno o en el asador.

UNTO DE CHILE PICANTE Y DULCE

2 cucharadas de polvo de chile medio-picante

1 cucharada de pimentón dulce (paprika)

1 cucharada compacta de azúcar morena

½ cucharadita de pimienta recién molida

¼ cucharadita de sal de grano grueso

En un tazón pequeño, combine todos los ingredientes. Úntelo al pescado antes de cocinarlo. Rinde lo suficiente para 4 filetes

Para Servir: Use en todo tipo de pescados enteros, filetes y medallones

UNTO DE ESPECIAS Y HIERBAS

1½ cucharadas de comino molido

1 cucharada de tomillo seco

1 cucharadita de pimienta de jamaica (allspice) molida

½ cucharadita de nuez moscada molida

¼ cucharadita de pimienta recién molida

1 pizca de pimienta de cayena

En un tazón pequeño, combine todos los ingredientes. Úntelo al pescado antes de cocinarlo. Rinde lo suficiente para 4 filetes o medallones.

Para Servir: Use en pescados firmes y de sabor fuerte como el robalo rayado, atún o mahimahi

SALSA PICANTE

2 cucharadas de piñones

¼ taza (60 g/2 oz) de mantequilla sin sal

2 cucharadas de aceite de oliva

2 cucharadas de jugo de limón fresco

2 cucharadas de perejil liso (italiano) fresco, picado

Sal de grano grueso y pimienta recién molida

En una pequeña sartén para freír tueste los piñones sobre fuego medio, moviendo hasta dorar. Vacíe en un plato para enfriar.

En una pequeña olla sobre fuego medio-alto, derrita la mantequilla con el aceite. Añada el jugo de limón, revuelva y añada el perejil y los piñones tostados. Sazone con sal y pimienta. Rocíe de inmediato sobre el pescado. Rinde 4 porciones.

Para Servir: Use en pescados de carne blanca como la trucha, lenguado, robalo y halibut.

SALSA DE PIÑA A LOS TRES PIMIENTOS

½ taza (75 g/2½ oz) *de cada uno*, pimientos rojos, verdes y amarillos (capsicums), finamente cortados en cubos pequeños

1½ taza (280 g/9 oz) de piña fresca o en lata, cortada en cubos pequeños

1 cucharada de jugo de limón fresco

1 cucharadita de aceite de oliva

Sal de grano grueso y pimienta molida

En un tazón, combine los pimientos, piña, jugo de limón y aceite de oliva. Sazone con sal y pimienta. Rinde 4 porciones.

Para Servir: Use en el pez espada, mahimahi o bagre.

SALSA ESTILO TAI

¼ taza (60 ml/2 fl oz) de aceite de canola o vegetal

3 dientes de ajo, finamente picados

2 cucharadas de jengibre fresco, finamente rallado

1 tallo de lemongrass, solamente la parte blanca, sin piel y finamente picado

1 chile jalapeño pequeño, picado

1 taza (250 ml/8 fl oz) de sake

1 cucharada de aceite de ajonjolí asiático oscuro

1 cucharadita de salsa de pescado (nam pla)

Caliente el aceite en una olla pequeña sobre fuego medio-alto. Cuando esté caliente, agregue el ajo y el jengibre. Cocine durante 1 minuto, añada el lemongrass, el chile y el sake. Deje hervir, reduzca el fuego a medio-bajo, y hierva lentamente durante 2 minutos. Vacíe en un tazón e integre el aceite y la salsa de pescado. Sirva caliente o a temperatura ambiente rociando sobre el pescado. Rinde lo suficiente para 4 filetes de pescado o medallones.

Para Servir: Use en el mahimahi, robalo chileno, halibut, lenguado o platija.

SALSA DE ELOTE, JITOMATE Y TOCINO

4 rebanadas gruesas de tocino

1 taza (185 g/6 oz) de granos de elote, blanqueados durante 2 minutos y escurridos

2 cebollitas de cambray, incluyendo las partes verdes suaves, finamente rebanadas

1 jitomate, cortado en cubos pequeños

1 cucharada de jugo de limón fresco

1 cucharadita de aceite de oliva

Sal de grano grueso y pimienta molida

En una sartén para freír sin aceite y a fuego medio, fría el tocino por 6 minutos, hasta que esté crujiente. Escurra sobre toallas de papel y trocee. En un tazón, mezcle el tocino, elotes, cebollitas de cambray, jitomate, jugo de limón, aceite de oliva y sal y pimienta al gusto. Rinde 4 porciones.

Para Servir: Use en el pez espada, cazón y bacalao.

SALSA DE PIMIENTOS ASADOS Y JITOMATE

2 pimientos rojos (capsicum), asados y sin piel (página 74), en cubos pequeños

2 jitomates, en cubos pequeños

1 cebolla roja pequeña, en cubos pequeños

2 cucharadas de menta fresca, finamente picada

1 cucharada de vinagre de vino tinto

Sal de grano grueso y pimienta recién molida

En un tazón, mezcle los pimientos, jitomates, cebolla, menta y vinagre. Sazone con sal y pimienta. Rinde 4 porciones.

Para Servir: Use en el robalo rayado, macarela y trucha ártica.

GLOSARIO

CALDO, ENLATADO El caldo o jugo de almejas comercialmente enlatado puede ser confiable, pero está sazonado con sal y otros aditivos, como el glutamato de sodio. Es mejor preparar su propio caldo para que lo pueda sazonar a su gusto (vea página 110).

CEBOLLÍN Estas verduras verde oscuro, largas y delgadas de la familia de las cebollas, tienen un sabor a cebolla dulce. Usando un cuchillo de chef, córtelas en piezas de 3 mm (⅛ in) de largo, en lugar de picarlas. Algunos cocineros usan un par de tijeras de cocina para recortar el cebollín, es una manera más fácil de cortarlo.

CHIPOTLES EN ADOBO Los chipotles son chiles jalapeños secos que tienen un delicioso y fuerte sabor ahumado. Generalmente se encuentran enlatados en salsa de adobo, que es una mezcla de jitomate picante con chile.

ESPÁTULAS Para cocinar un filete grande o un pescado entero, necesita 2 espátulas de metal de 7.5 cm (3 in) de ancho y de 20 cm (8 in) de largo con un mango fuerte de madera. Una espátula es suficiente para los filetes y medallones pequeños.

HUEVO, CRUDO Los huevos crudos se usan algunas veces en aderezos u otras preparaciones. Los huevos crudos presentan el riesgo de estar infectados con salmonela o alguna otra bacteria, que puede causar una intoxicación. Este riesgo puede ser peligroso para niños pequeños, mujeres embarazadas y cualquier persona con un sistema inmunológico débil. No consuma huevos crudos si tiene un problema de salud o le preocupa el riesgo. Busque un producto que tenga huevo pasteurizado para reemplazarlo.

HUEVO, SEPARANDO Cuando separe las yemas de las claras, use huevos refrigerados que se separan más fácilmente que los huevos a temperatura ambiente. Ponga 3 tazones juntos. Rompa cuidadosamente cada huevo golpeándolo en su ecuador contra una superficie plana, logrando así una buena rotura; poniéndolo encima de un tazón, pase la yema de un lado al otro de los dos cascarones y deje que la clara caiga en el tazón. Coloque la yema en el segundo tazón y vacíe las claras en el tercer tazón. Separe cada huevo en el tazón vacío, por si acaso cae alguna porción de la yema en las claras, ya que las claras no se pueden batir correctamente si eso pasa. Si se rompe una yema, no use ese huevo. También puede separar las yemas de la claras usando su mano limpia en forma de taza y dejando que las claras resbalen a través de sus dedos en uno de los tazones y las yemas caigan en otro. También puede usar un separador de huevos, que es un pequeño utensilio en forma de tazón con un espacio para sujetar la yema y dos ranuras por las que se resbalan las claras. Deje los huevos separados a temperatura ambiente antes de usarlos.

LADO DE LA CARNE CONTRA LADO DE LA PIEL Los filetes de pescado se venden generalmente sin piel. (La piel es comestible así es que no es necesario hacerlo). El lado que tenía la piel se ve ligeramente rayado con algunas partes blancas que todavía quedaron de la piel. Haga una ranura poco profunda en este lado antes de saltearlo para que el filete no se doble. El lado de la carne es el más atractivo. Cocine este lado primero y preséntelo así en el platillo terminado.

LADO DE LA PIEL Vea Lado de la Carne contra Lado de la Piel.

NO DE ALUMINIO Es importante seleccionar utensilios de cocina hechos de un material no reactivo como el acero inoxidable, esmalte o vidrio cuando se cocina con ingredientes ácidos como jugos de cítricos, vinagre, vino, jitomates y la mayoría de las verduras. Los utensilios de cocina hechos de materiales como el aluminio (y en menor grado, hierro fundido o cobre sin recubrimiento) reaccionan con los ingredientes ácidos y pueden impartir un sabor metálico y un color grisáceo.

PESCADO
Abadejo: El abadejo forma parte de la familia del bacalao, viene del Atlántico y tiene un sabor suave y carne magra. Se puede preparar de la misma manera que el bacalao.
Anchoas: Estos pequeños peces plateados se encuentran en las aguas de todo el mundo, siendo más populares en el Mediterráneo. Generalmente se asan. La mayoría de las anchoas se conservan en sal o aceite.

Anguila: Se encuentra en aguas frescas y saladas. Tiene la carne aceitosa, buena para asar en el horno, en el asador o cocinar en guisados. La anguila ahumada es especialmente sabrosa.

Arenques: Son ligeramente aceitosos y se encuentran en el Pacífico y en el Atlántico. Se pueden asar en el asador o en el horno. Cuando los arenques pequeños están en temporada, se venden como sardinas.

Atún: Es un pescado grande alargado que se encuentra en los mares templados alrededor del mundo. El atún es de la familia de la macarela y se corta en lomos cuando se comercializa. Use solamente la calidad sashimi de atún para cuando se prepare crudo estilo sushi, ceviche o atún tártara. El atún de aleta amarilla es una variedad muy común. Otro tipo de atún es el de aleta azul (el más valioso), ojo grande, albardilla, barrilete y bonito.

Bacalao: Es el favorito de las aguas frías de la costa de Nueva Inglaterra en el Atlántico. Es de carne magra y tiene la carne blanca aperlada. Los peces más pequeños se conocen generalmente como bacalao inmaduro. El bacalao puede cocinarse de casi todas las maneras excepto en el asador, ya que puede partirse en lajas. Agregue el bacalao a una sopa cremosa u hornee con verduras.

Bagre: Grandes cantidades de siluro o bagre se crían en el sur de Estados Unidos, pero este pescado se encuentra en todo el mundo, principalmente en agua fresca. La carne es dulce y húmeda y puede cocinarse de la manera que se quiera, aunque frito queda mejor.

Cabrilla común: Es un pescado de carne magra y sabor suave del Atlántico que se encuentra desde Cape Cod hasta México. Generalmente se le corta en filetes o medallones y se puede cocinar por cualquier método.

Carpa: Un pescado de colores de tamaño grande. Las carpas viven en estanques y arroyos de Estados Unidos. Tiene una carne sustanciosa y si se mezcla con el lucio y el pescado blanco se obtiene el pescado gefilte.

Cazón o tiburón: Es de la familia de pescados con carne magra y sustanciosa. Se pescan en todo el mundo. Las variedades que más comúnmente se comen son el marrajo, soupfin, punta negra, y tiburón espinoso. Cocine los medallones de cazón de cualquier manera.

Esperlano: Este pescado pequeño y delgado, vive en el Atlántico y en el Pacífico pero desova en los ríos. Su carne es dulce y magra y le recomendamos que lo parta para despúes freírlo, asarlo u hornearlo.

Halibut: Es un pescado plano grande que vive en las aguas frías del Atlántico y el Pacífico. La carne blanca y firme del halibut es muy versátil. Es delicioso con muchas especias o con la salsa holandesa con sabor a mantequilla.

Huachinango: Es de la familia de pescados con carne tierna pero firme, magra y sabor suave que se encuentra en las aguas templadas del Atlántico. El huachinango rojo americano y el huachinango cola amarilla son las variedades más populares. Huachinango rojo es también el nombre que se le da al pescado roca del Pacífico. Se puede cocinar de cualquier manera.

Lenguadina: Es un pescado plano, dulce y magro del Océano Pacífico. Se debe cocinar como el rodaballo o el lenguado.

Lenguado: Es el nombre que se le da a varios pescados planos que tienen carne magra y dulce. El lenguado de Dover, de limón, gris, petrale y rex son algunas de las variedades más comunes. Se pescan en las aguas frías del Atlántico y el Pacífico. Hay que saltear, cocer al horno o freír estos delicados filetes con mucho cuidado.

Lingcod: También llamado bacalao verde, se pesca en las aguas de Alaska y Columbia Británica. Tiene carne magra y se cocina como el bacalao.

Lisa: Este pescado aceitoso de agua fresca del Atlántico tiene un suave y dulce sabor y es mejor asarlo al horno. Las huevas de lisa ligeramente salteadas son un platillo favorito en la primavera.

Euci: Es un pescado de agua fresca. Tiene un sabor suave, dulce, carne magra y es excepcionalmente espinoso. Ase en el asador u hornee.

Eacarela: Este pescado aceitoso es magnífico cuando se pesca fresco en el Atlántico durante la primavera y el otoño. Es el pescado perfecto para asar en el asador o en el horno.

Mahimah: También conocido como pez delfín, el mahimahi se encuentra en los mares templados del mundo. Es un pescado firme y por lo tanto perfecto para el asador. También puede asarse al horno.

Mero: De una gran familia de pescados del Atlántico sur y del Pacífico frío, el mero tiene la carne gruesa que se parece a la del huachinango y se puede asar en el asador u hornear.

Perca: Este pescado de agua fresca y carne magra se puede cocinar de cualquier manera.

Pescado azul: Se pesca prácticamente durante todo el año a lo largo de la costa este, empezando en el sur durante la primavera. El pescado azul es uno de los favoritos de los pescadores. Es delicioso cuando está fresco. Su carne oscura se puede hacer muy bien en el asador y se aclara cuando se barniza con jugo de limón.

Pescado blanco: De aguas frías de lagos y arroyos, el pescado blanco es dulce y moderadamente aceitoso. Es excelente asado entero y también se consigue ahumado. Cuando está ahumado, a los pescados más pequeños se les llama magrú.

Pescado rojo: Es un pescado de carne magra de la costa sureste de América y el Golfo de México. Al pescado rojo también se le conoce como pez navajo. Sirva asado en el horno, en el asador o en mantequilla negra.

Pez delfín: vea mahimahi

Pez espada: Este pescado gigante con una boca larga como espada, se encuentra en los mares templados de todo el mundo. Siempre se vende en trozos o medallones, su carne es magra y húmeda cuando se cocina.

Platija: Como al rodaballo, a las platijas se les llama frecuentemente lenguado. Se pescan abundantemente en el Atlántico durante el verano.

Pámpano: Se pesca en el Atlántico en la costa de Florida y del Golfo de México. Es un pescado de apariencia bonita que es excelente cuando se cocina entero al horno.

Rape: Se pesca en el Atlántico norte, tiene una apariencia fea que se compensa plenamente por su carne blanca aperlada y firme. También se le conoce como pescado ganso. Absorbe bien los sabores y puede estofarse con jitomates.

Raya: Se encuentra en los mares del mundo entero y tiene la piel espinosa y la carne blanca y magra. La parte de la raya que se come son las aletas a las cuales se les quita la piel antes de asarlas o freírlas. Vea la página 49.

Robalo: Los robalos negro, rayado salvaje o rayado de criadero, blanco y chileno blanco tienen una carne blanca con sabor suave. El robalo rayado salvaje viene de la Costa Este y es uno de los pescados más finos de América. Lo mejor es asarlo entero en el asador, cocerlo o asarlo en el horno. El robalo chileno blanco tiene la carne un poco grasosa y permanece húmeda aún si ha sido sobre cocinado. El robalo negro, es un delicado y húmedo pescado del Atlántico, que se usa frecuentemente en las preparaciones asiáticas.

Rascacio o pescado roca: En el mundo se pueden encontrar numerosas especies de pescado roca. Se parece al huachinango y erróneamente se le llama así con frecuencia, especialmente en la costa oeste, donde se pesca en el Pacífico. Su carne es suave y blanca, y puede freírse, asarse u hornearse.

Rodaballo: Es uno de los pescados planos del Atlántico que muchas veces se vende como lenguado. El rodaballo tiene una delicada carne blanca y se cocina rápidamente.

Salmón: Hay cinco especies de salmón que vienen de la Costa Oeste y una viene del Atlántico, en donde prácticamente todo el salmón salvaje ha sido pescado. En Noruega, Canadá, Estados Unidos, Irlanda y Escocia crían el salmón del Atlántico que es excelente aunque un poco aceitoso. El salmón salvaje, chinook (rey), chum, coho, rosa y graso de la costa oeste, se pesca por temporada desde la primavera tardía hasta el verano. El salmón se puede cocinar por cualquier método, en medallones, filetes, medallones y entero.

Sardinas: Es un pequeño pescado plateado, moderadamente aceitoso del Atlántico y del Pacífico que se puede cocinar de cualquier manera. Las sardinas más grandes del Mediterráneo se pueden asar en el asador o en el horno. La mayoría de las sardinas vienen enlatadas.

Trucha: Es un pescado delicado algo aceitoso que principalmente se cría en Idaho, Estados Unidos, pero que se puede encontrar en otros lugares. En los mercados se puede encontrar sin espinas (pero con todo y cabeza) y pesa aproximadamente de 185 g a 315 g (6 a 10 oz) cada una, que es una porción individual grande. La trucha puede freírse, asarse en el asador o en el horno o puede estofarse.

Trucha ártica: Es un miembro de la familia del salmón, y se pesca en las aguas frías de Alaska, Canadá y Groenlandia. También es de criadero. Tiene una carne ligera y un sabor delicado y puede reemplazar al salmón en cualquier receta, aunque necesita un manejo más cuidadoso.

Trucha de mar: Se encuentra en el Atlántico la mayor parte del año. Puede cocinarse por cualquier método siempre y cuando se haga con cuidado.

RALLADURA La ralladura es la parte de color de la cáscara de una fruta cítrica sin la parte carnosa blanca y amarga. Para obtener la ralladura de un limón, lima o naranja, use la parte más fina de un rallador manual o use un rallador especial para cítricos, que es una navaja de metal con 4 ó 6 orificios con punta filosa montada en un mango corto que permite rallar la raspadura en tiritas largas.

SAL, DE GRANO GRUESO Muchas de las recetas en este libro requieren sal de grano grueso. La sal Kosher es una buena opción. Está hecha de sal granulada compacta, tiene granos gruesos y no tiene aditivos. No es tan salada como la sal de mesa y se puede usar más generosamente. La sal de mar también viene en granos gruesos.

TERMÓMETRO DE LECTURA INSTANTÁNEA Es un utensilio muy conveniente para revisar el cocimiento del pescado. Para revisarlo, cerca del final del cocimiento, inserte el termómetro en la parte más gruesa del pescado lejos de las espinas (las espinas conducen el calor). En 30 segundos se obtiene la lectura correcta (60°C/140°F) la cual indica que el pescado está completamente cocido.

ÍNDICE

DEGUSTIS
Es un sello editorial de
Advanced Marketing, S. de R.L. de C.V.
Aztecas 33, Col. Sta. Cruz Acatlán, C.P. 53150 Naucalpan, Estado de México

WILLIAMS-SONOMA
Fundador y Vicepresidente: Chuck Williams

WELDON OWEN INC.
Presidente Ejecutivo: John Owen; Presidente: Terry Newell; Jefe de Operaciones: Larry Partington
Vicepresidente, Ventas Internacionales: Stuart Laurence; Director de Creatividad: Gaye Allen;
Director de Creatividad Asociado: Leslie Harrington; Editor de Serie: Sarah Putman Clegg;
Gerente Editor: Judith Dunham; Editor: Heather Belt; Diseño:Teri Gardiner;
Director de Producción: Chris Hemesath; Gerente de Color: Teri Bell;
Coordinación de Envíos y Producción: Libby Temple

Weldon Owen agradece a las siguientes personas por su generosa ayuda y apoyo
en la producción de este libro: Editor de Copias; Kris Balloun; Editor Consultor: Sharon Silva;
Estilista de Alimentos: Sandra Cook; Asistentes de Estilista de Alimentos: Elisabet der Nederlanden,
Melinda Barsales y Annie Salisbury; Consultor de Recetas, Peggy Fallon;
Asistentes de Fotografía; Noriko Akiyama y Heidi Ladendorf;
Corrección de Estilo: Desne Ahlers y Carrie Bradley;
Diseño de Producción: Linda Bouchard; Índice: Ken DellaPenta;

Título Original: *Fish*   Traducción: Concepción O. De Jourdain, Laura Cordera L.
Pescados de la Colección Williams-Sonoma fue concebido y producido por
Weldon Owen Inc., en colaboración con Williams-Sonoma.

Una Producción Weldon Owen Derechos registrados © 2003 por Weldon Owen Inc, y Williams-Sonoma Inc.

Derechos registrados © 2004 para la versión en español: Advanced Marketing, S. de R.L. de C.V.
Aztecas 33, Col. Sta. Cruz Acatlán, C.P. 53150 Naucalpan, Estado de México

Presentado en Traján, Utopía y Vectora.

ISBN 970-718-190-7

Separaciones de color por Bright Arts Graphics Singapur (Pte.) Ltd. / Color separations by Bright Arts Graphics Singapore (Pte.) Ltd.
Impreso y encuadernado en Singapur por Tien Wah Press (Pte.) Ltd. / Printed and bound in Singapore by Tien Wah Press (Pte.) Ltd

1 2 3 4 5   04 05 06 07 08

UNA NOTA SOBRE PESOS Y MEDIDAS
Todas las recetas incluyen medidas acostumbradas en Estados Unidos y medidas del sistema métrico.
Las conversiones métricas se basan en normas desarrolladas para estos libros y han sido
aproximadas. El peso real puede variar.